林書豪與NBA

徐望雲◎著

目次

Ⅱ NBA武林

Ⅲ 文心雕籃

從紐約看「林來瘋」現象

劉大任

從今年二月四日尼克（New York Knicks）對籃網（New Jersey Nets）一仗開始，林書豪創造了連好萊塢編劇都不敢構想的一場大戲。這場戲，情節離奇，高潮迭起，喚起了人們的想像，刺激了籃壇內外的討論，影響所及，不僅尼克隊起死回生，NBA受到前所未有的震撼，全美國的所謂「亞裔人」，甚至台、港、東南亞和中國大陸的華人，全都捲入「林來瘋」夢幻，連從來不知籃球為何物的許多中老年婦女，每有尼克比賽，都到了茶飯不思的地步。

五十七天之後，林書豪左膝受傷開刀，夢幻進入低潮。人們必然會問：林來瘋就這樣煙消雲散了嗎？它為什麼會發生？整個事件究竟意味著什麼？

望雲是一位資深專業籃球評論員，他下了很大工夫，追根究底、探幽發微，把整個事件的來龍去脈調查清楚，為大家提供了這本書，相信所有曾經為此「瘋」過一陣、今後並仍有期待的人，必將先睹為快。

我從一九七二年移居紐約，恰逢尼克隊第二次取得NBA總冠軍之時，本來就熱愛籃球的我，立刻成為尼克迷。然而，眾所周知，這幾十年，尼克雖曾因尤英（Patrick Ewing）加盟，一度煥發生機，但始終與冠軍絕緣。尼克迷的日子不好過，我的忠誠度卻因美國職業籃球的特殊轉播制度（別的球隊無法經常看到），依然保存下來。因此，這幾十年的尼克患難歲月，高低起伏，基本瞭然於胸。林書豪現象，自然很快就注意到了。

為了給望雲這本書「錦上添花」，不揣冒昧，就從我的長居地紐約這個特殊角度，提供幾點意見，供讀者閱讀之餘，作為參考。

首先，我必須指出，對美國觀眾而言，作為一位美國亞裔運動員，林書豪所代表的意義，遠遠超過張德培、關穎珊等人。原因很簡單，林書豪的專業成就，目前當然無法與前述兩位相比，張德培和關穎珊早已功成名就，都已經是他們專業領域內接近名人堂水準或已經登堂入室的歷史人物，而林書豪的事業，才剛開始。份量輕重的關鍵，在於職業籃球，特別是NBA籃球，屬於美國觀眾心目中的三大之一，與美足和職棒並列，而網球與滑冰，相對而言，比較邊緣。

其次，同為亞裔運動員，林書豪又不同於姚明、王建民、曾雅妮。在美國觀眾心裡，這三位運動員都是外國體育運動文化的產品，不能算「自己人」。雖然，事實上，三個外國運動員的主要職業生涯都發生在美國的職業運動世界裡，他們的成長和成就，也都與美國運動文化息息相關。姚明是通過公開選秀制度正式進入NBA，開始一段時期，表現並不特別出色，所以每年當選明星賽先發主力，跟全球華人網上灌票不無關係。火箭隊（Houston Rockets）為了培養這位天賦奇才，特別邀請尼克退役中鋒尤英擔任專人教練，把他一生積累的技術和心理經驗，從搶位到封籃，禁區特殊步法和肢體運用，到關鍵時刻如何抗壓和激發戰鬥力，悉數無私傳授。王建民也是洋基隊多年經驗傳承累積的教練團特別調教出來的產品。曾雅妮更是從十二、三歲便長期在美接受專業訓練。當然，我們不能否認這三位運動員的天賦和努力，然而，是不是也可以說，如果沒有美國的專業運動文化，他們的成長和成就，都是很難想像的。

儘管如此，美國人還是不把他們當成自己的子弟兵。不說別的，一開口便露底了嘛！

林書豪完全不同。他是百分之百的美國產品。

不僅美國本土出生，而且從幼稚園到哈佛大學畢業，一路走完美國中產階級子弟夢寐以求的最高水準教育過程，父母雖屬台灣人、浙江人，他自己則是百分之百的美國人。這個根本差別，是前述三位運動員無法成為日常生活話題而林書豪卻能像本土神話一樣演出灰姑娘傳奇的原因。

這個觀點，對於我們如何看待所謂職業籃球界的種族歧視問題，相當關鍵。

任何文化系統裡，都有男子漢、大丈夫、英雄氣概一類問題。好萊塢西部電影形塑的是虛構的夢，海明威的小說，是藉用人人心中固有的死亡威脅，創造典型。在現實生活裡，一般美國人從他們的娛樂消遣中，尋找自己滿意的英雄，作為擺脫平庸、無聊和局限的救贖。而這些「英雄」最集中的地方，就是所謂的「三大」。

「三大」之所以吸引人，不僅因為人才眾多，更重要的是，場面大，競爭激烈，刺激性強，觀賞價值最高。加上隨之而來的無限商機和動輒以百萬美元計算的報酬，美國觀眾在二十世紀電視文化普及以後，對於英雄人物的崇拜，逐漸從政治、軍事、商業、文藝等領域退出，而在經常演出的大型觀賞運動項目裡，找到了替代對象，尤其是「三大」。也許有人會說，要造就一個艾森豪、麥克阿瑟，需要幾十年的戰功，數以萬計的枯骨。造就一個甘迺迪、馬丁路德金恩，必須以身殉。而喬丹、老虎伍茲，只需要幾場球。這樣說，現代運動英雄，是不是太廉價了呢？

林書豪現象所透露的，是否就是這種廉價英雄？

我覺得，意義不太一樣。

這裡牽涉到的，不止是娛樂消遣，不止是成名立萬，不止是灰姑娘傳奇。有一個所謂的「刻板印象」問題，是全體美國上千萬亞裔人口共同面對了百年以上的老問題，包括猶在快速增長的五百萬美國華人在內。

華人的美國「刻板印象」流傳了好幾代。早期版本的標準形象：矮小、陰險、猥瑣，以好萊塢開拓出來的「福滿州」為代表。中期形象略有改變，基本形態是：模範移民、聽話、順從、工作勤奮。近二十年來，華人第二、三代通過一流大學考驗，逐漸進入主流社會，在各種專業領域打天下，「刻板印象」也稍有改進，但仍不外是：數學好、不愛社交、運動低能兒等等，一句話，就是大家都不得不尊重但不可能喜歡的「nerd」（可以譯為「乏味的書獃子」）。

從小有志於NBA事業的林書豪，為什麼高中時代表現傑出，卻被所有籃球名牌大學拒絕？大學時代也有突出表現卻仍被NBA選秀遺漏？答案就在這裡：在面對公平競爭之前，他必須克服美國人心目中普遍存在的「刻板印象」。華人打NBA控球後衛？天方夜譚！

林書豪破除「刻板印象」的第一戰，出現在他落選後的二〇一〇年夏天，NBA舉辦的夏季聯盟比賽中，他的表現，居然超過當年選秀狀元（也打控球後衛）的沃爾（John Wall）。就因為那場球，金州勇士隊（Golden State Warriors）給了他一紙合同。

這裡，必須指出，所謂「種族歧視」，根本原因是出於無知。一旦進入NBA系統內，林書立刻變成「自己人」。我們在評論林書豪的「種族歧視」或「刻板印象」問題時，一定要準確抓住這一點。必須瞭解，哈佛大學畢業時的林書豪，只是一塊原材料，如果未經美國運動文化最高層次的打磨，不可能成大器。

「林來瘋」所以成就傳奇，建立在金州勇士隊各級訓練和教練員長達一年半有針對性的培育基礎上。

據報導，勇士隊教練團對林的最初評價是：身材太瘦弱，跳投姿勢錯誤，腿力不足，控衛眼光不夠全面。林書豪一共三次下放D-league（發展聯盟，相當於職棒小聯盟），並在加州Menlo Park的斯巴達行動科學中心接受華格納（Phil Wagner）的專業指導，練舉重，加強腿力，調整高蛋白食物，結果體重增加十二磅（全是肌肉），跳高增加三點五英吋。

我們愛護林書豪是很自然的，但是，同時也要提醒自己，必須正確認識「林來瘋」現象的核心意義。首先，他是一名籃球運動員，復健後能否維持高水準的演出，甚至更上層樓，最終成為NBA的第一流控球後衛，創造長時期的事業巔峰，將「現象」變成「歷史」，才是整個事件的核心。

其次，不能否認，林書豪是個身分比較特殊的籃球運動員，因為他是美國亞裔。就這個社會意義而言，他已經創造了歷史。在破除美國亞裔的刻板印象方面，他的貢獻，超過李小龍、姚明、王建民，因為他是正港美國人。他在這方面的影響力，也超過張德培、關穎珊，因為，NBA不止是美國人心目中的「三大運動」之一，它早就全球化了。

（二〇一二年四月十日寫於紐約）

黃色的光芒

傅達仁

NBA原則上是黑人的天下：一片黑色的星空。

如果你知道美國有條街叫Bird AV.時，哇！有個白人——大鳥伯德（Larry Bird）在NBA難能可貴啊！現在怎麼在紐約大城裡，閃出一道黃色的光芒呢？

他就是不可思議的林書豪！

書豪生長在基督家庭，從小就靠主的恩典，哈佛畢業，籃球一流，文武全才，在他的生命中充滿大愛和正派，行公益，好憐憫，謙卑柔軟，順服上帝。他的人格就像中國人所說的「德、智、體、群」集於一身，他的一生也是一連串的成功與失敗，他一心要打NBA，可是在勇士、火箭，都被放逐，在發展聯盟浮沉不定，最後落腳尼克，仍是板凳球員，戴維斯的受傷，使他一戰成名又連勝七場，全球矚目，「十年寒窗無人問，一舉成名天下知」！林書豪成了NBA的傳奇，在黑色的星空下，閃出一道黃色的光芒！

他的故事剛好像《聖經》裡摩西率領以色列人出埃及，十一天的路程，走了四十年，才到了「迦南地」那流奶與蜜的地方。《林書豪與NBA》這本書，正是描述「林來瘋」的傳奇，看完後，你會覺得林書豪的人格、球技和智慧，會影響全世界的父母和年輕人，知道打籃球不影響念書，信上帝可以讓你走正路、愛別人，影響全球的士氣，變成「腳前的燈，世界的光」，而且閃爍歷史，是一道黃色的光芒！

（本文作者為資深體育主播、現任高爾夫頻道董事長）

從天鉤、飛人到林書豪

熊昌成

台灣開始有電子媒體播放NBA比賽實況，可追溯至上世紀的六〇年代末葉，也就是中國電視公司（CTV）剛開播的時候。

那時，中視引進了美國職業籃球賽的錄影帶，每周固定播放最新比賽實況，由前大鵬籃球隊三劍客之一的籃球名將和著名教練，綽號「小咪」的朱聲漪先生擔任播報。

朱聲漪先生的正職是空軍飛行員，具有流利英語能力，又是球員出身，總能將比賽過程和每一個攻防環節講述得非常清楚，使中視在每周末播出的NBA籃賽，很快地成為最熱門的節目與話題。

一九七〇年的NBA，正是紐約尼克隊最夯的年代，在瑞德（Willis Reed）、佛雷塞（Walt Frazier）、狄布斯切爾（Dave DeBusschere）、布萊德利（Bill Bradley）和巴奈特（Dick Barnett）領銜下，尼克隊以四勝三敗成績，力克張伯倫（Wilt Chamberlain）、魏斯特（Jerry West）和貝勒（Elgin Baylor）為主力的洛杉磯湖人隊（Los Angeles Lakers），贏得隊史上第一個總冠軍。

那一年，後來贏得「天鉤」美譽的賈霸（Kareem Abdul-Jabbar）才剛以選秀狀元之姿進入密爾瓦基公鹿隊（Milwaukee Bucks），當時的名字是阿辛德（Lew Alcindor）。賈霸隔年就與「Big O」羅伯森（Oscar Robertson）搭檔，替成軍僅僅三年的公鹿隊拿到了ＮＢＡ總冠軍。

繞這麼個大彎來陳述過往歷史，無非是因為要談林書豪的崛起，應該要追憶一下，林書豪的父親林繼明先生當年在台灣接觸ＮＢＡ的時空背景。依照時間推估，一九七七年赴美攻讀博士的林繼明，大概就是台灣第一代的ＮＢＡ球迷，那個時期，在台灣最具知名度的ＮＢＡ明星非賈霸莫屬。

在林繼明赴美留學進而移民之前，阿辛德已三獲年度ＭＶＰ，並經由交易於一九七五年投入湖人隊陣營，更名為賈霸。林繼明會收集「天鉤」等人的錄影帶給兒子們看，我猜多半是在滿足他自己的籃球癮。

在林書豪帶起「林來瘋」之後，林繼明也成為媒體採訪的對象，他說，「一直以來，我從未幻想過書豪會在大學，甚至是籃球最高殿堂亮相，我只是單純看他打球，我以他為榮，他是我生命中的驚喜，當他站在場上，我年輕時的夢，已經成真。」

我熟識的徐望雲，也有類似於林繼明的「籃球癮」！依年齡推算，望雲應該是台灣第二代的NBA迷，他趕上了大鳥VS.魔術（Magic Johnson）的高峰期，見證了「壞孩子」在底特律活塞隊（Detroit Pistons）的奪冠歷程，更全程參與了「飛人」喬丹（Michael Jordan）的崛起，與NBA走向全球化的熱潮。

難得的是，在我認識、接觸過的台灣第二代NBA球迷中，絕大多數都在「飛人著陸（His Airness Back To Earth）」之後，因年紀、工作的因素，逐漸從NBA賽場上「引退」，唯有望雲一路走來始終如一；但，我不確定，將來他會不會像林繼明一樣「癡迷籃球」到帶著自己的兒子去打籃球。

望雲現在的確還能在球場上馳騁，也從沒有間斷過對NBA的關注，所以，當林書豪第一次以替補身分上場，助尼克隊幹掉籃網隊之前，他就告訴我：「這小子的球有看頭，你等著看吧！」

當印刻出版社的初安民先生來詢問，想找人執筆寫一本有關林書豪竄起的新書時，我腦海裡率先浮現的名字就是徐望雲。他絕對能以專業的籃球素養和文化人的筆觸，將「林來瘋」做最完美的詮釋。

（本文作者為《中國時報》體育組主任）

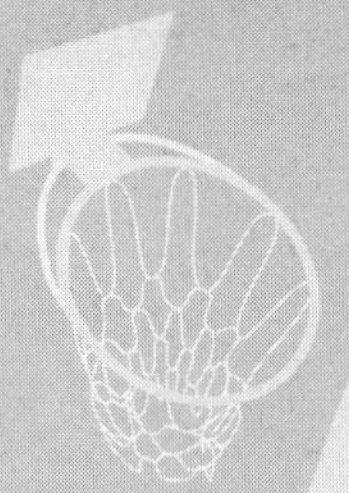

Lin在江湖

現場擴音器傳來：「Number 17, Jeremy Lin！」

林書豪跑步上場，接管第一節剩下來的三分三十五秒時間，到第二節結束中場休息前，他拿下了6分、4次助攻，外加3個籃板……就像灰姑娘一樣，林書豪開始寫他傳奇的第一頁了。

Linderella☆奇蹟那一刻

在紐約滿場的觀眾前，尼克隊總教頭丹東尼（Mike D'Antoni）站在球場邊，急得滿頭大汗，他看了看坐在飲料桶旁板凳上的林書豪，心中拿不定主意。

這是二〇一二年二月四日晚間，算是兄弟鬩牆的一場比賽，對手是就在紐約附近的紐澤西籃網隊，就如同大聯盟的洋基隊和大都會隊，兩隊比賽都是搭個地鐵或公車就可前往踢館的距離，尼克與籃網也號稱是NBA的「地鐵戰爭」。

但NBA總部在紐約，世界新聞，尤其是體育新聞的焦點也多是在紐約，不管從哪方面看，尼克隊都不想輸球，尤其是不想輸給籃網。

其實籃網隊的全盛時期大約是在二〇〇〇年代初，特別是在二〇〇二年和二〇〇三年到達顛峰，那兩年他們都拿下東區冠軍，可惜在總冠軍戰攻頂時，一次（二〇〇二）被禪師教頭傑克遜（Phil Jackson）執教的洛杉磯湖人隊以四比蛋給橫掃成破網，另一次（二〇〇三）被聖安東尼馬刺隊（San Antonio Spurs）以四比二，給踐踏成一面爛網，其後聲勢和戰力每況愈下，如今在聯盟中已不算強隊，即使在東區，也幾乎是人人可欺的弱隊。

另一方面，在這個縮水的球季之初，丹東尼任教的尼克隊，因為順利盤來了在丹佛金塊隊（Denver Nuggets）就已是一等一好手，也是二〇〇八年北京奧運的籃球金牌美國夢幻隊成員之一的「甜瓜」安東尼（Carmelo Anthony），搭配前一年就找來了他任教鳳凰城太陽隊時執行小球戰術甚是靈活的史陶德邁爾（Amare Stoudemire），以及達拉斯小牛隊（Dallas Mavericks）二〇一一年NBA總冠軍的成員錢德勒（Tyson Chandler），控衛又有極富經驗的老將戴維斯（Baron Davis），在球季開打前，就被視為聯盟另一支邁阿密「熱火隊」（Miami Heats）——二〇一〇~二〇一一年球季同時盤來騎士隊（Cleveland Cavaliers）的小皇帝詹姆斯（LeBron James）和多倫多暴龍隊（Toronto

Raptors）的當家明星大前鋒波許（Chris Bosh）與熱火隊一哥韋德（Dwyane Wade）組成讓對手看了都會尿褲子的變形金剛隊。

可是，故事的發展卻不那麼順利，在二月四日那晚，「甜瓜」安東尼彷彿吃了迷魂藥，一開始就不對頭（整場出場三十五分鐘，十五投三中），表現得像行屍走肉，而主要的控衛戴維斯也受傷，無法登場，第二控衛替補畢比（Mike Bibby）則陷入低潮，早在一月二十八日與火箭隊的比賽上場九分鐘一分未得，沒半個助攻，賽完後就被鎖進了冰箱冰凍起來，蜀中無大將，第三控衛道格拉斯（Toney Douglas）這個球季也不太理想，本來打得分位置的沈波特（Iman Shumpert）只好暫時充當「廖化」，擔任先發控衛，第一節打了八分鐘左右，表現很不理想，球隊落後籃網六分，雖然還是第一節階段，但沈波特與隊友的默契似乎不是太好。

丹東尼又看了看林書豪，這時林書豪的眼神突然從球場上轉過來與丹東尼短暫交會了一秒鐘，丹東尼眉頭緊鎖，但林書豪則嘴角略微上揚，似乎帶著自信，有話想說——來到尼克隊，一度被下放到發展聯盟，但林書豪對於面對職業強度的籃球，其實相當有自信，他很想告訴丹東尼：「教練！我可以的。讓我來吧！」——但節骨眼上，說什麼都不對，丹東尼考慮的遠不止於此。

在這場比賽前，尼克的二十三場比賽，只拿下八勝十五負，成績比晚娘面孔還難看，要知道紐約人對自己的球隊很「挺」，這個挺有個前提，那得戰績好才算，戰績不好的話，連他們的計程車司機都會幹譙球隊和球員——尤其是陣中的主力球員和高薪球員。這方面，尤英應該感受最深。

尤英於一九八五年挾著一九八四年美國大學籃球聯賽（NCAA）總冠軍主將的身分，成為NBA選秀狀元，紐約人此後好多年的時間視這位牙買加裔的名中鋒為城市救世主，哪知道在此後的十五年間一直沒能幫尼克隊拿到總冠軍，自一九九九年總冠軍戰敗給了聖安東尼馬刺隊後，便宛如成了紐約的過街老鼠，人見人罵，終於一年後（二〇〇〇）離開了紐約，到西岸的西雅圖超音速隊（Seattle Super Sonics）——現在奧克拉荷馬雷霆隊（Okldnoma City Thunder）的前身——落戶，隔年再轉到奧蘭多魔術隊（Orlando Magic）並在那裡黯然退休。

丹東尼不會不知道紐約人的個性，面對籃網隊竟然一開賽就打得那麼辛苦，讓他有點吃驚，要知道前一年尼克隊在季後賽還取得第六種子，雖然在第一輪就被波士頓塞爾蒂克隊（Boston Celtics）橫掃（四比蛋完封），但彼時，籃網卻早已放大假了，這一年來，尼克隊的實力加了安東尼，再怎麼樣，也該強過籃網，但誰知道安東尼會成了遊魂，誰知道比賽會打成這樣。

「教練，讓我上吧！」

他又看了林書豪一眼。他知道林書豪在高中時期和哈佛大學時期的戰績彪炳，也知道林書豪在金州勇士隊待了一個球季，但都是在垃圾時間上場，得分不多，也很難具參考價值，這個球季開始前，從火箭隊簽他過來，主要是考慮到，以尼克現有的陣容，丹東尼想以半場為主的擋拆戰術做為主軸，而這個戰術最重要的場上執行者就是控球後衛，平常練球時，林書豪對這一戰術的體會和理解十分徹底，應該可以委以重任。

但……丹東尼始終就是拿不定主意！

這次林書豪眼睛直盯著球場每個動作，心裡卻是十五個吊桶，七上八下。他觀察籃網隊的控球後衛威廉斯（Deron Williams）開始時似乎很來勁，幾次傳導也很順，但那畢竟是在開賽之際，雙方體能都還處於高峰，但細細看去，威廉斯的運球，或許是為了保護球，球離身體的間距太小，其實只要一個小小的抄球假動作，就能讓他驚慌甚至發生失誤；可是本來打得分後衛的沈波特，這次客串先發控衛，卻沒有查覺威廉斯的罩門，相當可惜，林書豪一邊看著隊友的表現，一邊心裡著急，默禱著：「教練，讓我上吧，我可以一拳擊倒威廉斯和他的籃網！」

但林書豪沒有看丹東尼，他知道如果丹東尼心裡有主意了，他再多看十眼，也輪不到他上場，不如將心思全副放在場上吧！他輕輕嘆了口氣，如果再沒能讓他展現自己實力的機會，甚至給了他機會，卻又沒能把握住，很可能兩天後，他就會再一次面對被釋出的命運，而下一步，就是徹底離開聯盟，去當牧師傳教了——他其實很急：「我看得見威廉斯的罩門，我真想上去與他放對一搏！」——想著想著，一顆豆大的汗珠子竟然從他額頭上冒出，沿著他瘦削而堅毅的臉龐滑了下來。

再早兩天前，二月二日以一〇二比一〇五，三分之差落敗給芝加哥公牛隊（Chicago Bulls）後，尼克高層就有傳聞要炒掉丹東尼，那場比賽，安東尼、史陶德邁爾和錢德勒都在，各拿了二十六分、三十四分和九分，菜鳥控衛沈波特先發則拿了十分還有八次助攻，「天啊！這樣好的成績竟然還能夠輸球，丹東尼！真有你的！」

接下來對塞爾蒂克，更扯，八十九比九十一，只輸兩分，也是一樣，安東尼、史陶德邁爾和錢德勒都像生猛海鮮，活蹦亂跳，各得了二十六分、十六分、二十分，不差，結局又是輸球，接下來對籃網這場，這下真的讓丹東尼很頭痛。

對籃網一開始，沈波特與其他球員的搭配也不是很順，丹東尼搞不清楚是啥原因。按理說，安東尼的球風是要拿球自己來的，而史陶德邁爾則需要一個很棒的控球後衛做有系統的供輸，對於沈波特來說，要快攻就找史陶德邁爾，如果球隊的速度一慢下來，要嘛就找史陶德邁爾玩擋拆，要嘛就是將球交給安東尼，然後旁邊納涼去了，這控衛當得很輕鬆，但這回，安東尼的表現不太對頭，沈波特在分配球權時，就很傷腦筋，導致比賽第一節，就很不太順利。

哦！丹東尼突然想起了二〇〇四年他在鳳凰城太陽隊（Phoenix Suns）執教時，那年十一月來了個日本的田臥勇太，為太陽隊出戰了四場，平均上場四點三分鐘、得分一點八分，助攻零點八次，外加一個籃板，效果不是太好，主要是亞洲球員的速度似乎還無法快到能符合他小球戰術的實踐原則，那是他在NBA執教的第一個亞裔控衛，讓他對亞裔球員不是懷抱太大的信心，他也沒忘記，田臥勇太那個球季（二〇〇四～二〇〇五）他拿到了NBA最佳教練獎，是因為及時放棄了田臥勇太，才能讓球隊戰績達到高峰嗎？想到這裡，他無奈地笑了笑！

可是今天這場，真的不太一樣，他再次看了林書豪一眼，他實在沒得選擇，難道就讓沈波特維持這樣的拖拖拉拉打法到終場嗎？

如果這樣，恐怕在兩天後（二月六日）對戰猶他爵士隊（Utah Jazz）之前，他就得回家吃自己，等下一份工了。

看著場上的沈波特，丹東尼似乎已預知了比賽結局。

丹東尼知道林書豪自休斯頓火箭隊來到尼克隊之後，由於隊上控衛兵源豐富，只能先將他送至發展聯盟磨練，他也知道林書豪在發展聯盟的表現不錯，但發展聯盟和NBA賽場的力度無法相提並論，不過，他倒是也很清楚，每次主場比賽完後，林書豪總是最後一個離開球場的球員，因為當大家都趕著回家休息去時，只有林書豪願意留下來做投籃練習，及看來稍嫌多餘的重量訓練。

平常在分組練習時，林書豪總是靶子隊，用做給主力球員練拳頭的沙包，既然只是訓練，沒有近兩萬名現場觀眾和不知多少千萬電視球迷觀看的心理壓力，表現也只能當參考，看看就好，雖然先前他也曾短暫派林書豪出場，但與林在勇士隊那一年一樣，都是無關球隊勝負的所謂垃圾時間，可這回，在自家麥迪遜花園廣場（Madison Square Garden）滿場的觀眾面前，第一節就要他站出來，他會不會手腳發軟？

太多太多的不確定，丹東尼拿不準林書豪到底準備好了沒有，「我不是林書豪，我不知道他能不能應付現在這個尷尬的賽局。」

他又惦了惦：「哎！戰術無法正常發揮，沈波特似乎還未進入狀況……既然球都打成這副德性，何不就讓林書豪試試，反正我在紐約的來日無多，照現在這樣打下來，這場球看來也壽終正寢了，不如死馬當活馬醫吧！」

於是，他臉上一沉，走到林書豪的旁邊，嘴巴唸了兩句，林書豪看了看他，點點頭，小快步到紀錄台前，將外套脫掉，給了場上的沈波特一個手勢，沈波特怔了一下，隨即心領神會地也點了點頭。

接著，現場擴音器傳來：「Number 17, Jeremy Lin！」

林書豪跑步上場，接管第一節剩下來的三分三十五秒時間，到第二節結束中場休息前，他拿下了六分、四次助攻，外加三個籃板，慢慢熱機之後，到全場打了三十六分鐘，是他有生以來在NBA賽場上待得最久的比賽，拿下二十五分，是兩隊得分最多的球員，還有七次助攻和五個籃板，助尼克隊以九十九比九十二，贏了七分之多，打得籃網隊與現場球評滿地找眼鏡碎片。

就像灰姑娘一樣，林書豪開始寫他傳奇的第一頁了。

對林書豪整場的表現，被暱稱為「小將軍」的籃網總教練強森（Avery Johnson）形容得最為傳神：「假如你告訴我，安東尼十五投中三，史陶德邁爾陷入犯規麻煩（按，史陶德邁爾全場有四次犯規），我想，這場球我們肯定贏十分以上，但好死不死，對方板凳殺出個程咬金，一人就拿下二十五分，我怎能不感到挫敗！（If you would have told me Melo go 3 for 15 and Amare would get in foul trouble, I'd think, 'Man, we'd win by double figures', but when you have a guy coming off you bench like that and getting 25 points , it’s pretty deflating.）」

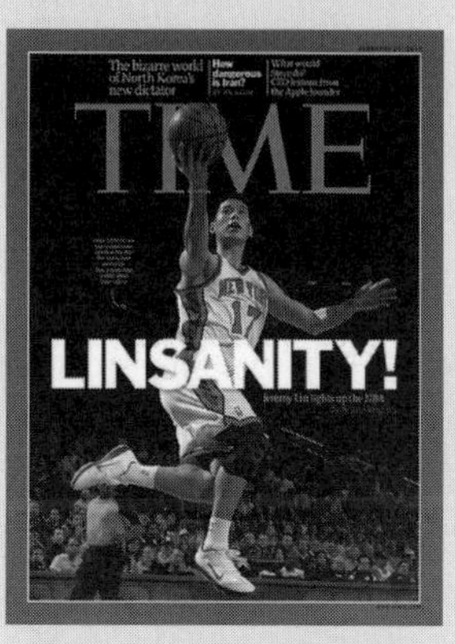

林書豪登上《時代雜誌》（*Time Magazine*）全球版封面（二〇一二年二月二十七日發行）。即使球季末段因傷缺賽，林書豪仍獲選《時代》二〇一二年度百大影響人物榜首。

同天出刊的美國《運動畫刊》（*Sports Illustrated*）也以「JEREMY'S WORLD」為題介紹林書豪，也讓林書豪成為第一位連霸《運動畫刊》封面的紐約運動員。

Linsanity☆神奇的連勝之旅

西方有句諺語：Every dog has his day.

直譯是「狗也有幸運的一天」，也有認為這句話跟中國的「風水輪流轉」同一個意思，不過，如果轉到運動場上，我們就會發現，它與「風水輪流轉」還是有著天與地的差別。

以前在戶外與人鬥牛時，偶而會碰到看起來是「肉腳」（「功夫」比較差的球員），在某個時間突然會發起飆來，又是三分又是小帳加一，打得對手發怔，己隊隊友也會嚇一大跳，我們就會拿「狗也有走運的時候」來形容這種人，通俗的說法就是「走了狗屎運」，反正與「狗」有關的詞章，多少有點不屑。

如果再有下一場，大家也多會以「沒有天天過年」來回應這位突然發飆的球員。

林書豪在二月四日以板凳（替補）身分「走了狗屎運」，拿下二十五分和七次助攻，並幫助尼克隊在自家主場逆轉贏了籃網之後，其實，仍然沒有太多人看好他，在NBA賽場上，板凳球員冒出來搶了先發球員風采的情況並不少見，每年聯盟會設一個「最佳第六人」獎，本質上就是肯定了替補球員的貢獻。

球場上打球的是每隊五人，開賽前最後出場的五人就是先發，主場播報員在草草播了前七個球員之後，燈光隨即會轉暗，然後聚焦的圓燈光會瞄向最後報名出場的五位先發，給予他最大的榮光，其他板凳球員只能掌握或多或少的出賽機會，為自己爭取最好的表現，爭取球隊先發五人之外的「最佳第六人」。

林書豪在對籃網的特出表現，在很多人看來，就是走運的狗，沒有人會認為他下一場（二月六日對爵士）還有能力打出好成績。

先發？林書豪先發控衛？

想都沒想到。

甚至連他老家台灣報紙的籃球評論員，也不看好他會因一場替補的好表現，從此就能受到丹東尼的重用，成為先發控衛。

彼時雖然控衛先發老將戴維斯和第二替補畢比不克出場，但第三替補道格拉斯和沈波特到底也是二〇〇九年及本賽季選秀選來的控衛，儘管發揮還不理想（道格拉斯）或不見得好用，但你也不能說他們表現一場糊塗或不符預期，而林書豪，總還是第四順位的控衛替補，雖然在少了兩員控衛大將之下，必然會增加他上場時間，但……先發，成為開場時最後介紹出場的五人之一，鎂光燈聚焦的人選？看似仍然有點遙不可及。

不過，當時也有專家直指，丹東尼必然會在主場對戰來訪的爵士隊，就讓林書豪先發。

一，在NBA賽場上，林書豪的資歷還高過沈波特，林書豪畢竟還是二〇一〇就入聯盟的球員，他跟道格拉斯和沈波特之間，誰先發誰替補出場，沒有太大意義，等戴維斯回來，三人都要回到板凳。

二，替補打出好成績的林書豪，手感正發燙，沒有必要將之冷卻。

三，林書豪已帶起了紐約人對尼克隊的「興趣」了。

四，既然除了戴維斯外，其他人先發的效果都不太理想，或說不太明顯，倒不如讓林書豪上場，看他能否頂得住先發的壓力，頂不住，再換回道格拉斯或沈波特，頂得住，那麼日後就多了一員可用之兵，不是壞事。

五，「甜瓜」安東尼在對籃網一役後，就跟丹東尼咬耳朵，主張下一場讓林書豪先發（這是安東尼後來對媒體的說法，姑且當真），隊上一哥都這樣說了，對教練來講，有極大的參考價值。

所以，在外界仍有爭議的情況下，丹東尼沒有做太多考慮，接下來對戰爵士隊這場，索性就讓林書豪打先發控衛了。

林書豪出賽四十五分鐘，拿下二十八分，八次助攻，率隊以九十九比八十八，擊敗自猶他州前來踢館的爵士隊，美中不足的是，他留下了八次失誤的紀錄。值得一提的是，這場比賽，尼克隊另一先發主將史陶德邁爾因哥哥意外去世，為了出席哥哥喪禮而缺陣，「甜瓜」安東尼開場五分鐘，就因腹股溝拉傷而退場，缺了兩員大將的尼克，在林書豪的帶領下，竟仍然能夠在爵士隊防區內恣意殺進殺出，贏到十分以上，讓人眼睛一亮。

強壓狀元郎

在對爵士的生涯第一次先發，林書豪打出了令人眼睛一亮的成績後，二月八日在華盛頓對巫師（Washington Wizards）一戰，林書豪又打出了生涯第一次「雙十」（二十三分十次助攻），並帶領尼克以一〇七比九十三，大勝巫師十四分之多。

這場球比較特別的是，它是林書豪客場出賽的第一次先發（對爵士先發的那場是在紐約廣場花園的主場進行），在滿場「充滿敵意」眼神的情況下，所承受的壓力要遠勝過在紐約麥迪遜花園廣場，不過，當時的「林書豪傳奇」已在全美逐漸發酵，在首都華盛頓，球迷看林書豪，有很多並不把他當成「敵人」來看，毋寧說是把他當成一本傳奇書的第一個章節來欣賞，因此，沒有給予他太大的對戰壓力，這或許也是林書豪能再一次繳出A+成績的主要原因之一。

不過，還有一個更特別的意義，那就是林書豪對決的巫師控球後衛沃爾。

沃爾與林書豪都是二〇一〇年進入ＮＢＡ，但是兩人「同梯不同命」，沃爾是該年的選秀狀元，被巫師選中，但林書豪卻是名落孫山，後來在小牛隊的籃球事務總裁尼爾森（Donnie Nelson）引荐下，赴發展聯盟爭取機會，才因緣際會地被金州勇士看中，並簽了兩年合約。

第一年（二〇一〇～二〇一一）打下來，沃爾打了六十九場，其中先發六十四場；平均十六點四分、八點三次助攻，算是相當受重用的，而林書豪，我想只能用一聲嘆氣「哎！」來下註腳，所以，這次尼克與巫師的比賽，在林書豪剛剛冒起的當兒，從某種程度上來看，也算是林書豪與沃爾的對決。

成績揭曉，沃爾上場三十八分鐘取二十九分，林書豪上場三十六分鐘，得二十三分，沃爾稍好一些，但衡量控球後衛最重要的標準——助攻成績，沃爾則以六次輸給林書豪的十次，這次對戰，整體而言，兩人可謂平分秋色，但別忘記，兩人在選秀年的際遇，可是大大的不同，從這個角度來看，林書豪已算大贏了。

看著林書豪在首都的表現，遠在幾千里之外的洛杉磯湖人隊卻拉開了一幅相當冷的風景。

因為這支歷史上與塞爾蒂克隊同為知名的常勝軍，在兩天後就要飛到紐約，與尼克隊對壘，那時就有記者在湖人隊練球後試探性地問了隊中的「超級明星」布萊恩（Kobe Bryant），有沒有對策去防堵林書豪；當時這位人稱「小飛俠」的布萊恩回說：「林書豪是誰？哦哦！我要回去看看他們比賽的錄影帶再說。」

布萊恩這句話或許沒有瞧不起林書豪的意思，他從二月四日對籃網替補出賽一戰成名後，到二月八日對巫師拿下三連勝，才五天的時間，如果只算先發，也僅僅打了兩場，而這段期間，湖人分別在二月四日對金塊、二月五日對爵士，以及二月七日對費城七六人（Philadelphia 76ers），取得不太漂亮的一勝二敗成績，自己都是滿頭包了，沒有時間想到林書豪這個人，也是情理中事。

二月十日那天賽前，再有人問了布萊恩有關林書豪的問題，布萊恩似乎未會意過來，還反問了一句：「林書豪是誰？」

這句話則被多事的記者傳到了林書豪的耳朵去，但對於大名鼎鼎，先後為湖人隊拿下了五次總冠軍，戰績彪炳的「小飛俠」，林書豪可不敢妄置一詞，但，話說回來，無論你的功績多偉大，上了球場，都一樣，大家從頭開始，我不會因為你拿了五枚冠軍戒指，就乖乖讓出這場比賽。

結果是，比賽第一節，林書豪個人就拿了十分三次助攻。整場下來，三十八分七次助攻，以九十二比八十五，取勝了來訪的湖人隊。

「小飛俠」布萊恩的表現其實也不算差了，整場三十四分、十助攻和一個籃板，只是，無法幫球隊贏球，即使拿再多分也是枉然。

布萊恩的「建議」

回到更衣室，在尼克這邊，林書豪則語氣帶點興奮地請記者轉告布萊恩：

「這回他應該認識我了。」

而在湖人隊那廂，有記者（我猜大概是洛杉磯來的隨隊記者）問布萊恩：

「看了林書豪今天的表現，對他有什麼建議？」我也相信這位記者沒有惡意，只是因為林書豪剛剛竄起，未來的日子還很長，希望布萊恩以一個前輩的立場，給予林書豪一些意見，幫他未來可以走得更為順遂。

但聽在布萊恩心裡，恐怕真的不是滋味，沒好氣地吐了句：「他老兄只差兩分，就得到四十分了，對這樣的球員，我還能有什麼建議！」

由於球季開賽之初，二〇一一年十二月二十九日，尼克已在洛杉磯與湖人先對戰過一次（當時林書豪只出場了兩分鐘，靠罰球拿了兩分），以八十二比九十九敗下陣來，這次回到紐約主場對戰是兩隊第二次碰頭，按聯盟規定，不同區的球隊，只會在主客場各戰一次共兩次，所以，這次湖人隊敗陣，如果要再「給林書豪建議」，多半要等到下個球季（二〇一二～二〇一三），除非季後賽湖人隊在西區出線，尼克也拿下東區冠軍，兩隊才有可能在總冠軍賽碰頭，但這機率很低，光是東區，尼克隊要過熱火和公牛這兩關，就有很大的問題。

二月十一日到明尼蘇達灰狼隊（Minnesota Timberwolves）主場踢館，這時尼克隊看起來還是狼見狼欺的喜羊羊，因為史陶德邁爾和安東尼都沒出賽，但事後諸葛來看，尼克隊很可能是一隻披著羊皮的狐狸，對戰結果，尼克隊以一百比九十八，兩分之差氣走這隻灰太狼。不過，由於灰狼隊的整體實力不算聯盟中的一級球隊，這次對戰的重點則是，林書豪對決另一個有西班牙金童美名的控衛盧比歐（Ricky Rubio），同時，大家也想看剛剛崛起，也有三年球齡的「吾愛」洛夫（Kevin Love）到底有何本事。

結果，不出所料，洛夫真夠厲害，三十二分，外加二十一個籃板（三個進攻籃板，十八個防守籃板），盧比歐也不差，十二分八次助攻。

不過，要比同一個位置，林書豪顯然要比盧比歐高一籌，八個助攻，兩人打平，但林書豪拿了二十分，外加六個籃板（二個進攻籃板，四個防守籃板；盧比歐只拿了二個防守籃板），同時，林書豪的好友——另一個也是來自學術名校史丹佛大學的菲爾茲（Landry Fields）也貢獻了二十分，再加上諾瓦克（Steve Novak）投六中四的高命中率三分球（共拿十五分），讓全隊能在驚濤駭浪中摘下勝利果實。

關鍵絕殺

林書豪的傳奇還沒結束。

三天後，二月十四日，尼克隊開拔到多倫多，挑戰暴龍隊。

這場比賽，其實讓我感到很尷尬，我住在加拿大溫哥華，本來這裡有一支球隊叫灰熊隊（後來的Memphis Grizzlies），與多倫多暴龍隊都屬於聯盟一九九五年擴編的球隊之一，但溫哥華的冰球（Ice Hockey）要大熱過籃球，灰熊隊的主場人數一直未達（老闆的）理想，於是二〇〇一年遷到美國孟菲斯市去了，此後多倫多成了加拿大唯一有ＮＢＡ球隊的城市，這下果然是「萬千寵愛在一身」，於是全加拿大籃球迷的關心和愛心全集中到暴龍隊身上去。

但作為全加拿大一百多萬華人的一份子，對於林書豪率尼克隊來踢館，心中可謂五味雜陳，從國族主義的角度，我們希望暴龍隊能贏，從種族主義來論，又希望尼克隊不要輸，不是很矛盾嗎？這樣反覆糾纏的結果，有華人朋友就想到了一個標準願望——希望暴龍隊贏，但林書豪的得分、助攻則是兩隊之冠。

所以在多倫多的暴龍隊主場，我們在電視上就看到了這樣的鏡頭，一般華人拿著寫有類似「林書豪（或林來瘋），加油」字句的中文標語牌上，又有英文字書寫著「Go！Raptors！Go！（加油！暴龍！加油！）」。兩邊誰都不得罪。

結果，大家都知道了，尼克隊以九十比八十七，險險一槍打中心臟，讓暴龍三分斃命，此役林書豪二十七分十一次助攻，不過，最讓人津津樂道的還是最後幾秒，兩隊還以八十七分打平，林書豪在三分線外，面對暴龍老經驗的控衛卡德隆（Jose Calderon）時，作勢要切入，騙過了卡德隆後退防守，結果就那麼兩步的距離，林書豪在三分線弧頂起跳……

三分！

球刷進籃框後，只留給了暴龍零點五秒時間進攻，這短短的零點五秒，要能拿三分（才能打平進入延長），比中發票頭獎的難度還高，大局底定。

林書豪最後那神來一筆，也留給了加拿大傳媒不少討論的話題，有中文傳媒認為，林書豪能夠表演「絕殺」（在最後數秒投進致勝關鍵球，讓對手無反擊之力和時間），證明了他正朝「偉大」球員邁進，因為籃球界有句話：「衡量一個好球員的標準，是看他的得分、助攻和籃板等各項看得見的數據，但，一個球員是否「偉大」，就要看他絕殺的能力和次數。」我們數得出來的傳奇球星和偉大球星，大概都是「絕殺」好手，魔術強森、大鳥伯德、喬丹……

另有一些不認為林書豪最後那記三分算是絕殺的英文媒體則強調，所謂絕殺，應是最後數秒己隊落後一分或兩分，必須靠這一球將江山搞定才算，而林書豪在三分線外跳投時，兩隊是打平的，換言之，如果林書豪那球不進，尼克也沒有輸，只是要打延長賽而已，所以林書豪在跳投那一瞬間，所面臨的壓力，與己隊尚落後一分或兩分，你投進不投進，就是贏或輸的十萬八千里的壓力相比，小得太多太多。

是耶非耶，只能留待讀者自己去琢磨！

雖然贏了，雖然那記絕殺仍有爭議，但無可爭議的是，林書豪的八次失誤，掛在那邊，怎麼看就怎麼不順眼。

險勝了暴龍之後，自打丹東尼開始重用林書豪的二月四日算起，已是六連勝，即使只從林書豪開始先發算起，也是五連勝，下一場是打完暴龍的第二天，雖然是連著兩天，但是，一，這次回到紐約麥迪遜花園廣場主場，二，對手——沙加緬度國王隊（Sacramento Kings）的狀態仍未回穩，看來，如果沒有意外，由林書豪寫下的連勝紀錄應還會持續下去。

對已經沒有衣服可穿的國王來說，林書豪要說破看起來並不難，十分十三次助攻，不但把國王隊的控球後衛伊文斯（Tyreke Evans）的十九分，但僅五次助功給比了下去，尼克也以一百比八十五，把國王給拉下馬來。第三節比賽結束時尼克就以七十七比五十五大幅領先國王，使得整個第四節，林書豪都套上T恤，當個優雅的觀眾了，而國王隊的伊文斯仍在場上拚戰，繼續追加自己的得分數字。

神奇的七連勝！尼克！林書豪！尼克的林書豪，以及林書豪的尼克！

兩天後，二月十七日，尼克隊繼續在紐約迎戰另一支來踢館的紐奧良黃蜂隊（New Orleans Hornets）。按理說，這該是一場沒有懸念的比賽，黃蜂這個球季前，將該隊的「蜂王」保羅（Chris Paul）交易到洛杉磯快艇隊（Los Angeles Clippers）之後，戰績一如預期地大幅滑落，在戰尼克前是二十三敗六勝，是西區中戰績最差的球隊，唯一還算對該隊比較有利的是，在赴紐約之前，他們連勝了爵士隊和密爾瓦基公鹿隊，氣勢正旺。

但氣勢旺歸旺，尼克此前則是七連勝，比旺的話，尼克應是穩操勝券。但這次上帝或許打了個小瞌睡，這場戲的劇本有點走了調。

林書豪全場遭到紐奧良黃蜂積極包夾與縮小防守圈的壓迫，失誤累累，全場雖攻下帳面還算漂亮的二十六分、五助攻、四抄截，但也創下了個人新高的九次失誤，成了敗筆，幾乎每次失誤都會造成對手快攻得分，最後尼克也以八十五比八十九於主場不敵黃蜂。有球評歸咎於安東尼傷退造成林書豪被包夾時，沒有一個穩定的得分手能夠接下球權，完成進攻任務。不過，這沒有答案，安東尼既然沒有上場，一切都只能是猜想。

而灰姑娘神奇的連勝之旅，戛然而止。

雖然連勝之路因捅破了虎頭蜂窩引來大批蜂螫而中止，但對林書豪個人而言，意義更大的一場比賽則是兩天後（二月十九日）對達拉斯小牛隊的比賽，那場比賽尼克在自家球場以一〇四比九十七，踹走了小牛，但這場球賽有三個意義——第一，小牛隊是上個球季的總冠軍隊，這個球季在基本原有的冠軍陣容下，又從湖人隊盤來歐登（Lamar Odom），及太陽隊找來曾於二〇〇〇年雪梨奧運時的一場代表美國夢幻隊的比賽中，飛越法國七呎中鋒頭上扣籃，彈跳力很恐怖的卡特（Vince Carter），表面的戰力是有增無減，如果能打贏小牛隊，多少能振奮一下士氣。

第二，如果非要給林書豪找個伯樂，恐怕沒有，但硬要算起來，小牛隊的籃球事務總裁尼爾森也算是林書豪的半個伯樂。因為二〇一〇年林書豪在選秀會上失落之後，是尼爾森電邀他去發展聯盟磨一陣子，才有林書豪故鄉的球隊金州勇士隊看上他並簽了兩年約的機緣，為林書豪開啟進NBA大門，因此對上小牛，林書豪的心情想必是很複雜的。

第三，就是小牛隊的控球後衛奇德（Jason Kidd）與林書豪的對決，兩人都出生在舊金山灣區，差了十五歲（奇德生於一九七三年三月，林書豪生於一九八八年八月），奇德代表的是另一個世代的純控衛（助攻為主，得分為輔）典型，而林書豪則是新一代的控衛風格（目前來看，林書豪的進攻內容中，得分占的比率還滿大的，因此是否夠「純」，則猶待觀察），兩人對決，具有很強的世代交替意義。

林書豪二月出賽紀錄（二〇一二年）

日期	對手	上場時間	投籃	3分球	罰球	籃板	助攻	抄截	阻攻	失誤	犯規	得分
2/4	籃網	36	10-19	0-4	5-7	5	7	2	0	1	3	25
2/6	爵士	45	10-17	1-3	7-9	2	8	2	0	8	1	28
2/8	巫師	36	9-14	0-3	5-6	4	10	1	1	2	3	23
2/10	湖人	39	13-23	2-4	10-13	4	7	2	0	6	1	38
2/11	灰狼	39	8-24	0-3	4-7	6	8	3	0	6	3	20
2/14	暴龍	43	9-20	2-2	7-11	2	11	1	0	8	0	27
2/15	國王	26	4-6	0-0	2-3	5	13	0	0	6	1	10
2/17	黃蜂*	40	8-18	2-5	8-10	2	5	4	0	9	4	26
2/19	小牛	46	11-20	3-6	3-6	4	14	5	1	7	0	28
2/20	籃網*	36	7-18	2-4	5-6	7	9	4	0	3	6	21
2/22	老鷹	32	6-11	1-2	4-4	2	9	2	0	4	3	17
2/23	熱火*	34	1-11	0-2	6-6	6	3	3	0	8	1	8
2/29	騎士	33	6-12	0-2	7-9	5	13	1	0	1	3	19

日期依照美國時間，*為敗場。

資料來源／NBA官網

Lin King Park☆林書豪引發的化學反應

在林書豪出頭前，尼克隊在球季初，就因整合了史陶德邁爾、「甜瓜」安東尼、戴維斯和來自前一季總冠軍小牛隊成員之一的錢德勒而備受各方矚目，哪知道竟打出了「八勝十五負」勝率不到一半的爛成績，但林書豪自二月四日替補出場奪得二十五分之後，更締造七連勝戰績，不禁令人好奇，到底是怎麼回事？

不像英式足球，一旦有球員被紅牌請出場，球隊瞬間從十一人降為十人，不能派替補球員進場瓜代，籃球嘛！除非球隊自己不爭氣，十二個球員中有八個以上因六犯提前畢業，否則，再怎麼不濟，也都是五人在場上比賽，加之能打進ＮＢＡ的，球技總不至相差太遠，因而，可能有很多球迷難以想像，會有哪個球員隻手就能拯救一支球隊，更何況就算林書豪有實力，在尼克隊中，光是控球後衛這一環，戴維斯、沈波特、道格拉斯、畢比也不可能太差，是要如何讓尼克隊變得與眾不同？

在開啟這個話題前，讓我們先從歷史上找出兩個陳年例子，第一個是我們熟知的喬丹。

喬丹是於一九八四年以首輪第三順位被芝加哥公牛隊挑中，在那之前，公牛隊基本上是個「肉腳」球隊，一九八三～一九八四年球季，即喬丹進入公牛隊的前一個賽季，公牛隊只拿了二十七勝（五十五負），被摒除在季後賽之外，但喬丹一加入公牛隊的第一個賽季（一九八四～一九八五年），公牛隊就取得了三十八勝四十四負的成績，且進入了季後賽（但在第一輪，被密爾瓦基公鹿隊給刷下來），那時什麼「馬面」皮朋（Scottie Pippen）、「眼鏡俠」格蘭特（Horace Grant）還沒進入聯盟輔佐喬丹，更別提後來的「小蟲」羅德曼（Dennis Rodman），換言之，喬丹一人之力，就讓公牛隊多贏了十一場球。

這意味什麼？

再來看一個更誇張的例子，大鳥伯德。

大鳥是於一九七九年進入ＮＢＡ塞爾蒂克隊，但其實早在前一年（一九七八年）就被該年擁有第一輪第六順位選秀籤的塞爾蒂克隊教頭「紅頭」奧拜克（Red Auerbach）給挑中，有趣的是，大鳥那年還在印地安那州立大學（Indiana State）念書，正忙著備戰，打算在一九七九年的NCAA與魔術強森領導的密西根州大（Michigan State）決一死戰，想都沒想過要休學進ＮＢＡ，可奧拜克早就看中大鳥，深怕如果等他一九七九年畢業宣布參加選秀再與其他隊競逐的話，恐怕只能看大鳥飛去別的球隊築巢了。

奧拜克的眼光果然犀利。

伯德畢業後，隨即到塞爾蒂克隊報到，在他報到前的一個球季（一九七八～一九七九），塞爾蒂克的成績僅得二十九勝（五十三負），已是連續第二年沒有進入季後賽了，這對於曾在一九六〇年代八連霸，建立了波士頓王朝的球隊來講，可謂情何以堪，但大鳥進塞爾蒂克隊後的第一個球季（一九七九～一九八〇），他就為球隊締造了六十一勝二十一負的戰果，那一年，「長臂猿」麥克海爾（Kevin McHale）、「酋長」派瑞許（Robert Parish）及「微波爐」強森（Dennis Johnson）都還沒來到波士頓，成為大鳥的左右護法，換句話說，那時的塞爾蒂克其實只有大鳥一個明星球員，結果，這個超級明星，隻手就為原本的大爛隊多拿下了三十二場勝利，相當驚人。

有人曾算過，如果以隊中指標球員進入聯盟第一年為球隊帶來的績效，伯德的「32+」，當年是史上之最；現在則是史上第三了，「32+」的紀錄後來被一九八九進聖安東尼馬刺隊的「海軍上將」羅賓遜（David Robinson）和一九九七年進馬刺隊的鄧肯（Tim Duncan）兩度刷新。

羅賓遜進聯盟之前的一個球季（一九八八～一九八九），馬刺隊僅有二十一勝，羅賓遜進聯盟的第一個球季（一九八九～一九九〇），他將馬刺戰績提升到五十六勝，即「35+」，比伯德多了三場。

但馬刺隊到了一九九六～一九九七球季，因為羅賓遜受傷，只拿到二十勝（沒有強將，果然有差），聯盟排名倒數第三，結果那年的馬刺隊很幸運，抽到了狀元籤，毫不猶豫地選來威克森林大學心理系畢業，人稱「石佛」（我也不知這綽號哪兒來的，可能是他不常笑的原因吧！）的鄧肯，結果下一個球季

（一九九七～一九九八），羅賓遜「剛剛好」傷癒歸來，與鄧肯組成了史上第二組有名的「雙塔」——第一組是火箭隊的山普森（Ralph Sampson）和歐拉朱萬（Hakeem Olajuwon），那是一九八四年的事了——一舉攻下五十六勝。鄧肯出現，讓馬刺隊多了「36+」，再比羅賓遜多了一場勝差，不過，鄧肯這部分只能算特例，他的前一年是因為羅賓遜傷退，成績才降到二十勝六十二負。

如果皮朋沒有喬丹

無論如何，我們感興趣的是，這中間到底發生什麼事？

喬丹、大鳥、海軍上將和石佛不可能在每場球賽都是一個對五個，總要有其他四人來幫襯，而真正的超級明星，應是那種可以幫助隊友更好的球員，試想，如果皮朋、格蘭特或羅德曼，沒有了喬丹，還能夠拿總冠軍像喝水嗎？麥克海爾、派瑞許和「微波爐」強森，如果沒有了大鳥，上將沒有了鄧肯、鄧肯沒有了上將，似乎也就不那麼可怕。

剎車！趕快回到林書豪身邊來！

雖然林書豪打的位置是控球後衛，但在某種程度上，林書豪與打得分後衛的喬丹和小前鋒的伯德有些類似，喬丹和伯德在隊上基本已是主要控球者，喬丹在公牛隊，因為是以禪師教頭傑克遜的三角進攻戰術為主軸，這個戰術講究球的快速傳導和出手，戰術中控球後衛的「控球」部分比較次要，而每次進攻多以喬丹或皮朋為主要持球發動者，吸引對手採兩人或三人包夾，因而給其他隊友製造了得分機會。

伯德在他十三年的職業生涯中，平均得分二十四點三，籃板有十個，但很少人注意到他的助攻也有六點三次，證明因為他的存在，對手得多一分心力去防守他，因而在走位時就給了隊友更多空檔和得分的機會。

林書豪身為控球後衛，成為尼克的進攻發動機之初，碰到愛拿球自幹的安東尼傷退，因此他個人除了助攻外，也負起了得分任務，在他初初連勝的場次裡，得分幾本都能在二十分以上，其中對湖人的一場拿了三十八分，最少的是對國王那場的十分，但那場只上二十六分鐘，且還取得十三次助攻，因此，如果從連勝的場次來分析，林書豪比較適合組織全隊進攻的工作，最重要的是，他也能夠起到良好的化學反應，讓隊友表現得更好。

就以二月十日打敗西區強權湖人隊的那場為例，那場比賽賽前，很不幸，尼克的安東尼、史陶德邁爾和戴維斯都無法出賽，四個季初讓人矚目的強將中，僅有中鋒錢德勒可以上場和林書豪搭配，另外三人都是本來做替補用的廖化們——菲爾茲、傑佛瑞斯和沃克（Bill Walker），而湖人隊除了小飛俠無傷無病無痛，其他的四虎——加索（Paul Gasol）、世界和平（Ron Artest，後改名為Metta World-Peace）、拜能（Andrew Bynum）和費雪（Derek Fisher）一字排開，全部到齊；讓人看了，就覺得尼克隊沒戲唱了。

沒想到，在林書豪的帶動下，不但自己拿了三十八分，還成功送出七次助攻，其他隊友中，除了錢德勒出場四十分鐘，拿了九分看似不理想，但十一個籃板（三個進攻籃板、八個防守籃板），完美地詮釋了中鋒的功能，更驚奇的是，難得先發的傑佛瑞斯也拿下十一分，還有九個籃板（三個進攻、六個防守），替補的沈波特也有十二分的進帳。林書豪自己好，但也讓隊友變得更好，如同在汙濁的水中投入明礬，不一會兒，就讓水質變得更為清澈明亮。

對尼克來講，最重要的化學作用則是，讓這被紐約人視為NBA紫禁城的禁衛軍的球隊，自尤英轉隊後再次獲得世人的注意，每個球員也雨露均霑地獲得更多的關愛，林書豪成就了自己同時，無形中也成就了隊友和球隊，甚至紐約這個大蘋果城市，宛如一座屬於他的「林家花園」，並且也成就了所有對進入NBA懷有夢想的亞裔好手，效果之強無與倫比，也該算是空前了，堪比喬丹和伯德。

另一個林書豪帶來的化學效應，可能連他自己也沒想到，算是對他比較不利的，那就是，一堆將與他對戰的控球後衛，也豎起了毛，夾緊了尾巴，想和他較量較量，看這哈佛畢業生，是否真有能耐？或只不過是個球打得馬馬虎虎的書獃子？

先從與尼克對戰過兩次的籃網看起，他們的控球後衛威廉斯本季場均二十二分，碰上林書豪卻拿三十八分，隨後老鷹提格（Jeff Teague）十八分（場均十二點四分）、熱火查莫斯（Mario Chalmers）八分（場均十點八分）、騎士厄文

（Kyrie Irving）二十二分（場均十八點三分）、塞爾蒂克朗多（Rajon Rondo）十八分（場均十三點六分）、小牛奇德十五分（場均五點六分）、馬刺帕克（Tony Parker）三十二分（場均十九點五分）、公鹿詹寧斯（Brandon Jennings）二十五分（場均十八點九分）。

只有查莫斯似乎懶得跟林書豪較勁，或許這不是答案，因為二月二十三日熱火與尼克對戰的那場球，熱火在邁阿密家裡以一〇二比八十八焚毀了來踢館的尼克，且熱火真正的控球，第一是詹姆斯，第二是韋德，再來才輪到任何一個控衛。

這樣的效應，宏觀來看，還是好的，至少它讓ＮＢＡ近七十年的發展，從早期中鋒——羅素（Bill Russell）、張伯倫、賈霸……爭天下，到後來是得分後衛擅場——喬丹、小飛俠布萊恩，而林書豪橫空一出，儼然讓控球後衛成了新的顯學，這未嘗不是林書豪帶來的正面效應。

可惜的是，自安東尼於二月二十二日對亞特蘭大老鷹隊（Atlanta Hawks）一戰重披戰袍並以九十九比八十二取勝之後，接下來八場球中，僅在二月二十九日對克里夫蘭騎士隊以一二〇比一〇三贏球之後，尼克隊一路六場全踢到鐵板，分別輸給塞爾蒂克、小牛、馬刺、公鹿、七六人和公牛，雖然這連輸的幾場，林書豪的得分還是不錯（十四分到二十分之間），但助攻則時好時壞，差的時候如對馬刺的四次，好的時候則是對公鹿的十三次，但安東尼持球時間太長和愛當「獨行俠」，也為人詬病。

三月十二日輸給公牛後，教頭丹東尼辭職謝罪，由另一個Mike——助理教練伍德森（Mike Woodson）暫代教練，他能否讓林書豪發揮明礬的作用，達到淨水的功能，外界都很好奇。好在接下來在三月十四日對上戰力不濟的波特蘭拓荒者（Portland Blazers）以一二一比七十九大勝，多少能振奮一點士氣，只是，那場比賽林書豪的表現（六分六助攻，但僅上場二十二分鐘）差強人意，不過，失誤次數也是同樣的數字（六次），就有點不妙。

林書豪能否讓隊友更好，球隊更強，在他於三月二十四日因膝傷而休戰之後，彷如寫下了「欲知後事如何，且聽下回分解」的休止符，下個球季再回來，那劇情還有得鋪陳。

Linfluenza☆ 全球的瘋魔

一個跑棒球新聞的女記者朋友在「非死不可」上留言說，「真的嚇到我囉！一個平常不太看體育，且喜愛喝酒夜店文化的姊妹，常常可以因為跑趴賴床不想上班。但她這回竟然拒絕夜店邀約，理由是：她要早起看林書豪！傻眼了，難怪電視轉播收視率飆高……」

事實上，這個朋友的朋友，不是唯一的例子，她站在聖母峰也不會太寂寞，在北美，她肯定找不到跟她那樣早起的瘋子，因為北美看球，多是在下午以後，最早也是星期日的中午時分，但在台灣與中國，她的同好，沒有上億，至少也超過千萬。

在林來瘋於全美發酵之後，二月二十日尼克隊對戰籃網一戰結束後的第二天，尼克隊向媒體公布了一個看似很無聊的數據，即該月十七日和二十日與黃蜂、籃網隊的兩場比賽收視率，創下自一九八八年有線電視台開始追蹤家庭收視情況以來球隊例行賽收視率最高紀錄。其中尼克與黃蜂隊一役吸引了五十四萬七百八十八戶家庭觀看，收視率達七點三二％；與籃網隊一戰，收視率增加到七點三四％，收看家庭達五十四萬二千二百六十五戶。

此前尼克隊例行賽最高收視率為六點七八％，那是一九九五年三月二十八日「飛人」喬丹第一次退休又復出後，首次到尼克隊主場麥迪遜花園廣場踩場。喬丹在那場比賽中狂摘了五十五分。

不過，上面的數字只是例行賽，如果把季後賽也算進去的話，尼克隊史上最高收視率的紀錄是二〇〇〇年東區第二輪第六場，尼克以七十二比七十險勝邁阿密熱火隊，那場的收視率是七點八五％，在這篇文章完成之前，林書豪的尼克隊所創下的收視率，距離該隊史上最高紀錄差零點五左右，也許這本書出來前後，這個紀錄已經或遲早會被打破。

都是因為林書豪，讓尼克隊的收視率彷如吃了救命仙丹。

值得注意的是，尼克隊「官方」公布的這兩場以林書豪為先發主力的比賽，都是以輸球收場，我個人認為，其「潛台詞」大概是：我們輸球的比賽都有這麼高的收視率，其他贏球的比賽，更不用說了。我甚至懷疑，此兩場比賽之前，二月十日對湖人的一戰，收視率恐怕也不會低，只是那場比賽沒有特別做調查。

尼克隊還提到，自林書豪爆發以來，他們球隊的平均收視率上漲了百分之一百三十八，達到四點三％（等於是平均有三十一萬七千六百七十六戶收看）。此前二十場比賽，他們球隊的收視率僅為一點八一％。

但，尼克隊為什麼那麼重視收視率？

收視率魔力

事實上，不只是尼克隊，聯盟其他二十九支球隊也把收視率看成老命一樣的珍貴。

只是，對類如尼克、湖人、塞爾蒂克等的傳統大市場球隊而言，其收視率高低所代表的意義特別不同，因為那暗示著隨後而來的龐大的商機，包括美國本土乃至國際。

首先，我們有必要了解到，對NBA每個球隊來講，最大的支出，當然是球員和職員的薪資，少部分會用做公益活動來營造球隊（和球員）形象，然而，球隊還有多個收入來源，一個球隊能否賺錢，主要就是看其他的賺錢渠道是否能超過支付給球員和職員的薪資及其他零碎開銷，這些收入來源包括：第一，門票，麥迪遜花園廣場可容納一萬九千多人，每個例行賽的主場有四十一場（全部八十二場），假設平均每張票兩百美金（會視來踢館的對手有哪些明星球員而調整票價，同時每場球的票價有貴也有便宜），那麼一場球，如果滿座，球隊可現賺三百八十萬，四十一場下來，球隊有一億六千萬左右的進帳。若能進季後賽，多打一場賺一場。

第二個賺錢來源是球隊的周邊商品，除了有球隊隊徽的球衣、球帽、杯子等等，還有球員的球衣、T恤……不一而足。這部分就要看球隊的贏球率和球員的受歡迎度而定。以林書豪成名之後，他的球衣及T恤賣到缺貨，以一件八十美元的球衣來算，我們保守估計，只賣了十萬件好了，就有八百萬美元的進帳。這還不包括T恤，或以林書豪為造型的小玩偶。

第三，球場上的廣告。

第四，則是電視轉播權利金。這部分的「靈魂」就是收視率。它的好與壞是眼前看不到的，卻也是最關鍵的數字。

林書豪的尼克隊在某幾場創下多高的收視率，對球隊沒有立即的好處，有好處的是付錢向球隊買轉播的電視頻道，因為可以拉高他們的廣告收入，而球隊的權利金是早一年甚至幾年前就談好的，但高收視率卻可帶來幾個好處，一是有利於下一次與電視台的合約談判（也包括國際媒體合約），爭取更高的權利金。二是藉由高收視率拉抬球隊的身價（如果老闆想轉手，收視率是很好的籌碼）。三是拉高周邊商品的買氣。四是有利於主場的賣票。五，增加球隊的能見度，甚至國際知名度。

而收視率的高低，又決定在幾個因素。（以下都以尼克隊為例）

一是球隊，與另一支球隊的「關係張力」，例如二〇〇〇年的季後賽，尼克隊與熱火隊的比賽之所以能創下收視率的紀錄，事緣於前一年（一九九八～一九九九）的季後賽，尼克隊排名東區老八，要對上第一種子的熱火隊，結果尼克隊在尤英領頭下，在各界驚呼聲中，幹掉了熱火隊，且一路暴衝到總冠軍賽，才被聖安東尼馬刺隊擋下。於是尼克和熱火兩隊的樑子從此結下，第二年的季後賽，兩隊在東區第二輪中又碰頭，讓尼克球迷特別關注。

二是球員。這又分兩部分，一是敵對的球員，我要講的是喬丹。喬丹於一九八四年進聯盟，尤英則於一九八五年以狀元之姿，成為尼克的救世主，但從歷史的軌跡來看，尤英的尼克隊在東區一直出不了頭，拿不到總冠軍聖盃，有很大的原因是喬丹。一九九四年，趁喬丹為了完成他的棒球夢而第一次退休後，尤英的尼克第一次闖進總冠軍賽，可惜被另一天王級中鋒歐拉朱萬率領的火箭隊一陣狂轟濫炸，給打回紐約去。

所以，在喬丹於一九九五年因棒球夢破碎而回到ＮＢＡ，第一次重回紐約麥迪遜花園廣場時，自然讓紐約人特別重視，想看看他還有什麼能耐。

另一個影響收視率的就是己隊的明星球員，林書豪正是最好的例子，一個本來坐在飲料桶旁的板凳上，準備給上場隊友遞飲料和毛巾的小媳婦，一下子衝到枝上準備當鳳凰的傳奇故事，換到任何一個國家，任何一個時間任何一個場合，都會受到矚目，否則灰姑娘的故事就不會那麼讓小朋友百讀不厭了。

家庭有線電視收視率是從一九八八年開始計算，但是，若熟悉NBA歷史的讀者想必不會懷疑，在林書豪之前，必定還會有幾個球員曾經締造過超高的收視率，像尤英，剛進聯盟的時候、像喬丹，大概也是初進NBA，表現得讓人驚豔的頭一年、又像大鳥伯德，進塞爾蒂克第一年，就為球隊增加了三十二場勝利，或者魔術強森，以他巧妙眩人的「指東殺西」花式傳球，迷惑住球迷眼神的那幾年……

收視率造成的效應，如果放在球隊上，會讓球隊本身成為其他敵隊及廣告商的焦點，如果放在球員身上，就會成為一種「瘋狂」。

亞洲林來瘋

對林書豪而言，這個「林來瘋」的效應比前輩喬丹、大鳥等人還多了一重來源，因為，林書豪的華人身分——對海外僑民來講，華人包含了台灣人、大陸同胞，乃至其他國家（越南、菲律賓、印尼、日、韓等等）的華僑。

林書豪父母來自台灣。台灣人把他看成台灣之子，是很正常的（這中間當然很難考慮到林書豪本人願不願意），因為這樣，使得有林書豪出場的尼克隊比賽，在台灣成了另一種熱門，更是著無庸議。

台灣的愛爾達體育台就表示，有林書豪出賽的收視率，是其他ＮＢＡ比賽的一倍半，林書豪竄紅的前三場比賽（分別對籃網、爵士和巫師），尼克的電視轉播收視率上升了百分之三十六，先是替補出賽對籃網的那場是零點六四五％，再來對爵士首次先發那場，微幅上升到零點六七五％，這兩場還只是錄影播出而已。

到第三場對巫師，愛爾達終於拿下了直播，卻是台灣的上班時間，仍然達到零點四九％。晚間重播的收視率更嚇人：零點八六％。

二月十日對湖人那場，由於湖人幾乎成了近年ＮＢＡ的同義詞，很多台灣球迷認識ＮＢＡ是從先知道湖人隊開始，因此，林書豪的尼克隊對湖人這場，自然受到矚目，轉播時間又剛剛好，是在台灣時間二月十一日周六的上午，結果由ESPN轉播的這場比賽，收視率更創下如同見鬼的四點七九％，ESPN台灣區資深副總裁蔣宜芳說，這個數字是有線電視台運動節目的史上之最，比平常的零點三％ＮＢＡ收視率，成長達十六倍，若換算成台灣人口，相當於二百四十萬人在螢光幕前眼睛發怔。

另外，緯來體育台台長文大培也指出，往年轉播ＮＢＡ收視率都只有零點二％，但今年因為有林書豪，尼克隊平均每場都有一點五％以上的收視率，這就如同林書豪一人就讓緯來的收視率上揚了七倍多，你不能不相信這世上可能真有神明。

上面是台灣的部分。

那中國大陸呢？

在談林書豪之前，不能不先看看「姚」頭丸（姚明）給大陸球迷兼電視迷的效應——

姚明在二〇〇二年以選秀狀元的身分加盟火箭隊後，ＮＢＡ在中國、甚至在亞洲的關注度和電視收視率得到提升。央視從那時開始了每周四天的ＮＢＡ轉播，凡是有姚明的比賽都會吸引二千萬到三千萬球迷收看。二〇〇八～二〇〇九年賽季，央視轉播的火箭隊比賽平均收視率達到一點二六％，最高達到二點〇一％。這個數字看起來「貌不驚人」，但別忘記，平時央視體育比賽的轉播收視率達到一％都相當難，這個數字在中國大陸的體育台來講，已算得上是天文數字了。

二〇一〇～二〇一一年球季，姚明基本上已淡出了火箭隊，央視的ＮＢＡ收視率隨即降至了姚明二〇〇二年加盟ＮＢＡ之後的最低點，只有零點三％，很多地方電視台的ＮＢＡ收視率更低，僅為零點一％。

在這同時，姚明或許因他「純」中國人的身分，並沒有給休斯頓火箭隊在美國的收視率帶來像林書豪給尼克隊帶來的那般顯著，但林書豪在中國是否也可能造成如姚明十年前的效應呢？

先看二月二十日，擁有ＮＢＡ中國轉播權的央視曾在接受記者訪問時提到，由於林書豪產生的巨大影響力，央視的ＮＢＡ收視率上升百分之三十九，和二

○一〇～二〇一一年賽季（姚明基本上已淡出了）相比，NBA官網的點擊量上漲了百分之四十三，這個球季還未開始，姚明就宣布退休，按理說，NBA在中國的收視率已觸底了，沒想到一個林書豪，就能將收視率再往上拉四成，它所換算出的球迷人數，恐怕也相當驚人。

林書豪在中國大陸之所以也能造成瘋狂，我認為，有兩個主要因素，一是林書豪的父親雖是台灣人，但祖先（當然）來自福建，而其母系（外祖母）則是來自浙江，即所謂的「外省人」，所以浙江省的球迷對林書豪也感到特別親切。

第二個因素，我想是二〇一一年球季結束後，林書豪到大陸訪問，接受記者採訪時隨口說了句「不排除打大陸國家隊」，引得後來央視記者只要碰到單獨採訪機會，總不忘再確認一下：「你真的會打大陸國家隊嗎？」這個觀念，其實很可笑，林書豪擁有的是美國籍，他雖然可以申領中華民國護照，但在他還沒有申領前，他就只有美國身分，而中國，現行法令是單一國籍，林書豪如果要打大陸國家隊，他第一件要做的事，是去美國駐中國（北京）大使館，宣布放棄美國籍，然後再經由繁複的手續拿到中國的身分證……

然後，打了大陸國家隊後，他在NBA所賺的薪水，有一大部分要上繳中國國庫——國家體育總局……，如果你是林書豪，你會這樣做嗎？

不過，沒關係，上面兩個因素，已足夠讓林書豪在大陸也造成「瘋」潮，在姚明引退，易建聯（現屬達拉斯小牛隊）前途未卜的情況下，林書豪的血統和他對大陸國家隊一番「友善」的談話，讓他順利在大陸球迷心目中取得神主牌地位。

別急，還有可能是空穴來風的傳聞，提到韓國人說林書豪有四分之一的韓國血統，他也算是「韓國之子」。林書豪至今仍未回應（好像也沒必要，否則日本、菲律賓、越南……都搶著說他是自己人，那他只能先將自己大卸八塊，分給不同國家去打他們的國家隊了，可是那也只能打八支國家隊，根本不夠分配），但有一點倒是可以肯定，林書豪這一來，在亞洲，尤其是東亞這邊，所刮起的旋「瘋」，短期內難以平息。

這是好事，對華人（台灣和大陸）、對東亞、對籃球、對那些以為打球讀不好書，讀書打不好球的為人父母、對往後也懷抱NBA夢想的東亞年輕人……

都有正面的啟示，都是好事！

林來瘋發威，台灣各家運動期刊，如《美國職籃》、《XXL》、《運動生活誌》等，紛紛推出「林書豪專刊」。

Linflation☆林來瘋帶動的商機和周邊效益

自林書豪開始「瘋」迷全球之後，跟著來的，就是一堆廠商爭著找他代言，三月十九日，由富豪汽車（VOLVO）搶得頭香，在美國紐約宣布與林書豪簽訂全球品牌代言合約。

富豪汽車全球行銷副總裁說，他們希望透過林書豪在球場上展現的運動精神和智慧，突顯汽車「以人為本的設計」（Designed Around You）的新品牌宣言；這個口號聽起來超震撼，林書豪也很能說，他說，希望自己的奮鬥歷程能激勵更多年輕人，讓他們勇於追求自己在運動或教育等不同領域的人生目標，大步向前邁進。

不過，人們比較關心的，還是林書豪的代言費，到底有多少？

有媒體報導，林書豪與富豪汽車的代言合約金是兩年四百萬美元。

在此同時，另一個「台灣（品牌）之光」——宏碁電腦，也已經提案邀請林書豪代言合約，將與全球其他電腦品牌一起「搶人」。

宏碁向來注重運動行銷，涉足領域包括棒球、高爾夫、籃球、一級方程式賽車，二〇一〇年溫哥華冬奧和二〇一二年的倫敦奧運，宏碁都是贊助商，對於爭取選手個人代言更不遺餘力，它旗下的台灣運動明星有棒球的王建民，與高爾夫的曾雅妮，對於父母也來自台灣的林書豪，用頭髮想也知道：哪能錯過。

汽車有速度、電腦則以精準為尚，是我們想得到與運動可以掛上勾的商品。

不過，我們也可以想像得到，即使與運動不相關的商品，如吃的（快餐店）、用的（服飾）等等企業負責人，大概也會捧著大把鈔票，想方設法找林書豪代言，有趣的是，頂新集團董事長魏應交，也有意邀請林書豪為大陸康師傅的飲料產品代言，魏應交不是以運動或籃球之名做他的籌碼，而是「人不親土親」，他說：「林書豪是台灣之光。魏家是彰化永靖人，林書豪是彰化北斗人，是隔壁鄉鎮。」

事實上，康師傅於二〇一一年開始斥資併購百事可樂（中國），如果順利獲批，又能找到林書豪代言，對頂新集團而言，如虎添翼，即使沒有百事可樂，林書豪與康師傅的組合，如果化成廣告出去，其力量和效果有多強，光是用想的都能感到周圍有九級地震的感覺！

果然是人一紅，住在十萬光年外的大媽大叔大嬸都搶著來認親戚了。很有五四當年，一堆人爭著說「我的朋友胡適」的況味。

最讓人會心一笑的是可口可樂，頂新集團是以「人不親土親」的方式來討好林書豪，但可口可樂，用的卻是「人不親，總認得中文吧」，你看人家林書豪都還沒跟你可口可樂簽約呢，廣告上當然不能用林書豪的名字和照片，但沒關係，可口可樂的行銷人員就是很厲害，他們想到在尼克主場「麥迪遜花園廣場」場邊打出中文廣告，老外看不懂，我不在乎，我的目標就是鎖定廣大華人市場，企圖搭上「林來瘋」的順風車促銷可口可樂。

除了美國之外，可口可樂真正想劍指的是中國，據非正式統計，光是二月十九日，尼克對小牛那場比賽，大陸就有一億人口在觀賽，可以想像，尼克隊對上那些明星球隊如湖人、塞爾蒂克、芝加哥公牛隊，及新星的強權熱火、小牛、奧克拉荷馬雷霆等球隊，收看的人數，都可以再組成好幾個國家，在中國看美國的比賽，竟然能看見中文，那種感覺滿窩心的，不是嗎！

一個爆紅的球員，如果兼有良好的形象特質，往往能在運動產銷體系之外，創造屬於他的商機。例如飛人喬丹，不但是耐吉（NIKE）運動商第一個設計專屬鞋款的籃球員，耐吉還為他設計了如同賓士標誌的「飛人標誌」，喬丹自己也很精明，翅膀硬了後，他跟耐吉合作，再發展出他自己的品牌，到後來他甚至還涉足內衣、香水領域，打造屬於自己的品牌。

衣鞋也瘋狂

對林書豪來講，不管找他代言的廠商有多少，種類有多少，相信對他來講，最重要的，還是來自於直接與運動或籃球有關的商品。

目前他的球鞋是由耐吉贊助，但愛迪達（adidas）則是ＮＢＡ的球衣獨家製造商。

按道理說，在林書豪成了林來瘋之後，耐吉沒有理由不順水推舟，跟他簽下代言合約，只是要看談判的內容和時間。美國運動網站Larry Brown Sports早先就爆料說，耐吉正在為林書豪設計專屬的鞋款，連這一款運動鞋的名字都有了，就叫林來瘋（Linsanity），如同當年的「飛人喬丹」（Air Jordan），「林來瘋」鞋款是一種高筒的氣墊鞋。如果最後真的推出林書豪的專屬鞋款，代言費恐怕不下千萬。

耐吉的品牌之大，行銷能力之強，是很多運動明星，尤其是籃球明星的夢想，最典型的例子就是那位創造出「我看到對手闖進禁區，就像看到家裡來了陌生人一樣的憤怒」這句防守格言的鐵血中鋒莫寧（Alonzo Mourning），他於一九九二年以榜眼（第一輪第二順位）之姿被夏洛特黃蜂隊（現在搬到紐奧良）挑走之後，一位記者無厘頭的問了他一句：「你老兄在新的球季，是要為黃蜂隊還是耐吉效忠？」

莫寧想都沒想就說：「耐吉！」

因為在那之前，耐吉就和他簽了合約，他拿到合約書的第一句話就是（套句鄭愁予的詩句）——我的名字，馬上就要「自在得如流水」，家喻戶曉了。

二十年前，耐吉還沒有為莫寧打造專屬鞋款，莫寧都這樣高興得亂七八糟，若是下個球季，耐吉為林書豪出版「林來瘋」鞋款，其效應可想而知，我猜想，台灣可能會有因為要排隊搶購「林來瘋」而發生的治安事件吧。就像一九九五年耐吉發布喬丹十二代鞋款時，美國就曾發生因排隊搶購產生的齟齬而造成的槍擊事件。

另一方面，愛迪達擁有T恤和球衣製作權，當然更不能手軟。

記得林書豪熱剛剛在北美上升時，我曾去溫哥華一間專賣運動用品的商店詢問有沒有林書豪「LIN 17」的球衣販售，當時店內屬於ＮＢＡ球星的球衣，僅有熱火隊詹姆斯、韋德、湖人小飛俠布萊特、塞爾蒂克的朗多和皮爾斯（Paul Pierce），而紐約尼克隊，就只有安東尼的，ＮＢＡ球衣顯得很寥落沒錯，但這在以冰球為主流運動的溫哥華，再正常不過了。

那位店員告訴我，隨著林書豪熱，到店內想買林書豪球衣的消費者越來越多，其中除了華裔和白人、黑人之外，也有不少印度裔及菲律賓裔，讓他很驚訝，因此就請顧客留下電話，並簽名，向愛迪達反映，一旦球衣運到，即刻打電話給他們前來購買，我當時瞄了一眼店員筆記本上的名字，密密麻麻一片，粗估至少一兩百人以上。

除了耐吉和愛迪達這兩家世界頂尖的兩大運動商之外，大陸的幾家新起的廠商如李寧、喬丹（最近被正牌喬丹告名字侵權）等等也都蠢蠢欲動，想要後來居上。但是，單就耐吉和愛迪達兩家，靠林書豪三個字所獲得的品牌價值，據《富比士》雜誌（*Forbes*）估計，就有一千四百萬美元之譜，我不知道中國大陸的運動廠商最終會不會「搶」到林書豪，或以什麼樣的方式與他合作，但只要林書豪還繼續打球，屬於運動商界由他引起的戰火也會持續進行。

《富比士》雜誌還估算出，如果NBA上半球季的預計收入是三十八億美元，在國際電視轉播上，因為林書豪，會讓本球季的總收入增加一到二個百分點，若將商品銷售和國家電視轉播合併來算，更會為聯盟再增加四千萬到八千萬美元，《富比士》雜誌還預測，林書豪明年在美國的市場價值將達一點五億美元。

林書豪一躍為成功典範，台灣包括《商業周刊》、《天下雜誌》、《今周刊》、《時報周刊》、《TVBS周刊》以及《亞洲週刊》等商業、新聞期刊，同時選用林書豪做為封面人物。

這些數字堆起來，讓人眼花撩亂，也證明了在這個時刻，廠商找林書豪代言，是明智的選擇。

目前來看林書豪，他在NBA場上的優秀戰績，乘上他哈佛經濟系的學歷，再乘上他虔誠的基督徒形象，已取得了相當成功的第一步，商機逐步展現，據說，林書豪在這方面相當謹慎，也不急著一下子與幾百家幾千家簽下代言合約，他最在意的還是品牌、代言商品本身（你能想像林書豪為威而鋼或保險套代言嗎），因為，形象是無形資產，來之不易，但只要一個代言商品出狀況，整個形象也會跟著沉淪，林書豪（與他的經紀團隊）沒有被金錢衝昏頭，而一意小心處理，正是智慧的表現。

在大鳥伯德的翅膀逐漸退化的八〇年代末期，來自底特律活塞隊的籃板王「小蟲」羅德曼曾很吃味地說：「大鳥嘛！球技在黑人中只算中上，要不是因為他是白人，誰鳥他？」

羅德曼的隊友，有「運球教科書」美名的湯瑪斯（Isiah Thomas）也發表了類似的講話，以示支持。

後來在被美國媒體砲轟之後，羅德曼出來解釋，說他不是這個意思，是那個意思云云。

在林書豪爆紅之後，也有類似的聲音傳出來，大意是，他的球技在ＮＢＡ中只能算平平，若不是他有華裔血統，誰鳥他。比較有名的嗆聲者是黑人拳擊手梅威瑟（Floyd Mayweather），他在自己的推特上留言就說，黑人當中打得比林書豪還好的人，多如牛毛，媒體會捧林書豪，就是因為林書豪是亞裔，但那些比他好的黑人球員卻沒人理會，簡直成了弱勢。

看到這一則報導，光是看到「（打得比林書豪好的）黑人是NBA的弱勢」這句話，差點沒讓我前一天吃的飯都噴了出來。

這讓我想起一九九八～一九九九年球季，NBA因勞資爭議而封館（與二〇一一～二〇一二年情況如出一轍），當時也是尼克隊的史普瑞威爾（Latrell Sprewell）講了一句「名言」：「封館讓我的日子很難過，更何況我還有一艘豪華遊艇要養！」

我在加拿大中文電台一個談話性節目中，接受聽眾叩應回答問題，曾針對林書豪熱做這樣的結論：球技很難量化，特別是在全世界籃球的最高殿堂打球，更是如此，你打十場球，不可能十場球都盡如人意（即使是飛人喬丹，在第二次退休又復出打巫師隊時，得分情況也不理想，戰績更差），但做為一個聯盟的二年級生，來自學術名校，會讀書，愛打球，卻又長期被球探及教練瞧不起的華裔球員，經不懈的努力，一朝終得衝上枝頭準備要當鳳凰了，這樣的故事，不一定是林書豪，換做是任何白人黑人或原住民，都一樣會爆紅。

因為這不只是童話中的灰姑娘故事的現實版，更是從小被我們讀熟的那些古代激勵人心故事（想想田單火牛陣復國、或近代孫文十次革命才有第十一次武昌起義推翻專制的故事）的二十一世紀現代版，從中可以吸取很多養分。

有哪些養分呢？

《富比士》雜誌恐怕最能心領神會。

職場必勝課

在林書豪成為全球瘋之後，該雜誌特別撰寫了一篇從林書豪身上學到的十堂課，希望讓大多數人返回工作崗位時，從林書豪身上學到成功祕訣，應用到職場上。換句話說，在林書豪一個人身上，就可分析出十種不同的營養成分，可以製成營養標籤。

現在讓我們一一檢視這十堂課十種養分吧，從我們自己的角度：

一、就算沒人相信你，你也要相信自己（Believe in yourself when no one else does）——

林書豪早在二〇〇五年到二〇〇八年間，在他出生地的加州帕羅奧圖市（Palo Alto）的帕羅奧圖高中念書時打籃球校隊，即繳出了平均十五點一分、六點二籃板、七點一助攻、五點〇抄截的成績，所屬球隊也以三十二勝一負、九十六%的勝率，贏得該區的冠軍，並刷新先前聖母高校（Mater Dei）所保持的五十一戰四十七勝、九十二%勝率的紀錄，獲選該區當年度的高校明星隊時，那是林書豪一生中第一個輝煌，卻也是後來無數擋住他奮鬥道路的第一顆大石頭。

中學畢業前，林書豪曾將自己的比賽畫面剪輯成DVD影碟，寄送給所有的常春藤盟校、柏克萊加州大學、史丹佛大學以及加州大學洛杉磯分校（UCLA）等以爭取入學機會，之後哈佛大學及布朗大學出面保證能讓林書豪在校隊有一席之地，林書豪選擇進入哈佛大學。

林書豪曾說，當年他最想進的其實是UCLA和史丹佛大學，UCLA一方面也在加州，另一方面也是籃球名校——培養過著名射手米勒（Reggie Miller）與「天鉤」賈霸等人。至於想進史丹佛，多半還是因該校（當然，也是學術名校），就位在帕羅奧圖高中對面。

但事與願違，兩校都不願給他獎學金，儘管他的籃球功力和學業成績都在水準之上，最後他很無奈地進了常春藤的哈佛，但哈佛沒有提供運動獎學金，換言之，林書豪的大學四年只能自己掙學費或靠家裡提供。

事實上，常春藤盟校是因對學術的堅持（有人認為是高傲）而「不屑」提供運動獎學金，即使你是校隊，你沒有只打球不用管課業的權利。

但林書豪沒有氣餒，四年校隊期間，累積了總得分一千四百八十三分、四百八十七籃板、四百零六次助攻、二百二十五個抄截，平均十二點九分、四點三個籃板、三點五次助攻、二抄截和零點六次火鍋的紀錄，尤其大四那年，在對康乃狄克大學隊時，曾攻下了個人在大學比賽記錄裡最高的三十分、並抓下九個籃板外帶三助攻、三抄截及二火鍋，整個大學四年，林書豪的表現也被認為是僅次於沃爾（二〇一〇年的選秀狀元，現為巫師隊的控球後衛，但在二月八日與尼克對陣時，曾被林書豪打了個滿頭包，巫師也敗下陣來。）的年度最佳控衛。

雖然到NBA選秀時，他沒能入選，但他後來接受了邀請，到發展聯盟去磨練，結果打出好成績，讓金州勇士隊相中他，與他簽下兩年的合約，雖然之後仍然是荊棘遍地，但持平一點說，如果沒有他願意「屈就」發展聯盟，就沒有勇士隊與他簽兩年約，儘管後來他又兩度被釋出（先從勇士隊釋出到火箭隊，再被火箭隊釋出到尼克），最後到了尼克隊，有了真正表現的機會，也才有現在的林來瘋，追根究底，仍然是源於他的自信心。

信任自己的實力，到發展聯盟去，才有後來對籃網替補上場的機會，如果當年在被各球團摒棄時，即放棄籃球，到華爾街去遞履歷表，他應該也能立即獲得聘用，但情況完全不同，在證券交易所吹冷氣領高薪的工作，總不是他的最愛，聯盟少了一個林書豪，就少了那麼一點味道了。

完全完全不同！

二、當機會降臨時要懂得把握（Seize the opportunity when it comes up）——

孫子兵法中講的「勿恃敵之不來，恃吾有以待之」，表面的意義是「不要想著敵人不會來找你，要考慮的是，我有禦敵的能力，不怕他來。」有了禦敵的能力，若是敵人不來，很好，但敵人要是真的來了，你也有足夠的能力來展現你對抗的實力。

如果把這「敵人」想成「機會」，而第一個「恃」改成「思」，成為「勿思機會之不來，恃吾有以待之」，就有另一層新意：「不要想著機會不會來找你，但要憑藉著我有這個能力，等待機會的到來」，進而去把握住每一個成為機會的可能。

林書豪進了聯盟，不論是在金州勇士或在尼克的初期（在火箭隊還沒打半場球就被釋出），一直都是板凳球員，替補球員的替補，由於是坐在冰桶旁，時不時還得給其他大牌球員遞飲料和毛巾，幸運的話，就在垃圾時間（球隊在最後幾分鐘，大比分領先或落後，反正再努力也不會影響大局，就讓你上場磨練的時間。）上個場跑個龍套，但就算這樣，就算在場上只有露臉幾秒鐘，你也要拿出百分之百的力氣去面對。

我記得在林書豪爆紅時，李濤在他的談話性節目，特別針對林書豪，邀約了國內的籃球界人士對談林書豪，然後，分割畫面不斷播放林書豪在二〇一一年球季結束後訪台時，利用空檔時間去健身房做重量訓練的畫面，那時林書豪仍是勇士隊的替補的替補球員，很有可能新的球季一到，他就徹底離開ＮＢＡ，縱使如此，所謂「做一天和尚，撞一天鐘」，既然仍是職業球員身分，總不忘時時保持訓練，時時讓自己的身體處於最佳狀態。

這是態度。在任何職場都必須具備的工作態度。

林書豪在尼克隊時，每逢主場比賽，比賽完畢後，總要在球場上再練投籃，也總是球隊最後一個離開麥迪遜花園廣場的人，這才能讓他逐步熟悉這個場地，套句街頭鬥牛時常用的一句俚語——讓籃框都好像是他養的。

於是二月四日那天，在主場面對紐澤西籃網，因主力球員受傷，林書豪臨危受命，替補上場逾三十六分鐘，果然培養出了良好的（主場）球感，抓住了這很可能不再有的機會，衝出了全場最高的二十五分，外帶七助攻、五籃板和二抄截的成績……

把握了機會的林書豪成就了自己，更重要的是，也成就了尼克隊。

三、家人永遠支持你，你也支持他們（Your family will always be there for you, so be there for them）——

這個幾乎是放諸四海皆準，家人永遠是你心靈最後的堡壘。

很多年前，當時還在底特律活塞隊，被視為ＮＢＡ或活塞隊「救世主」的希爾（Grant Hill）到訪台灣，我曾跟他做過面對面採訪，採訪完畢後，希爾繼續接受另一個媒體的訪問。我則陪著希爾的父親卡爾文・希爾（Calvin Hill）閒扯了一會兒。

我知道希爾畢業自杜克大學法律系，但那次聊天，才發現卡爾文・希爾也不簡單，運動方面，不但曾是美式足球的最佳新秀，而學業方面，竟也是畢業自常春藤盟校的耶魯大學歷史系，我還記得卡爾文・希爾跟我提到，他和太太從希爾開始念書，就對希爾的學業要求相當嚴謹，甚至遠勝過運動，他說的一句話我至今難忘：「因為我總想著，希爾在運動方面不一定會有什麼成就，但我相信，他智慧上的訓練會幫他在其他領域上獲得成就，許多年之後，他會有一個絕對成功的人生。」

這是做為一個望子成龍的父親內心深切的盼望，畢竟全美那麼多打籃球的人，要打進ＮＢＡ難度相當高，做為父親，不願兒子在人生的戰場上成為常敗將軍，對其學業要求自然相對嚴格。

林書豪的父親林繼明是他的籃球啟蒙師，也時常陪著他們三兄弟（林書豪和哥哥林書雅及弟弟林書偉）玩球，他認為，讓林書豪快樂打球，快樂成長很重要，雖然他沒有要林書豪放棄學業的意思（事實上，林繼明就是普渡大學的電機和機械雙料博士，學業不差），但林書豪的母親吳信信，角色就有點像希爾的父親，吳信信在接受「Good TV好消息頻道」訪問時提到曾跟林書豪說的話：「你想將來打球沒問題，但是你要有一個後備的職業，萬一你受傷不能打的時候，你怎麼辦？只要先把書讀好，你要打多少球都沒有關係。但是，如果你的成績退步，我們就要調整你打球的時間。」

在吳信信的堅持下，林書豪的成績始終名列前茅，但球技一樣出色。

吳信信雖然嚴格要求林書豪的課業，一旦到林書豪進入聯盟後，她即立刻當起了林書豪的「無薪經紀人」，《商業周刊》曾提到，在二〇一〇球季結束後，聯盟因勞資爭議而暫時封館，吳信信即忙著幫林書豪找合適的曝光機會，遂聯絡上《商業周刊》，希望能為林書豪做一封面故事與獨家專訪，但《商業周刊》基於林書豪當時仍屬板凳球員，上場時間不固定，成績不明顯，而沒有做成獨家。

可見得，林書豪即使人在場內，場外也有其家人，無怨無悔的支持他，這個支持，恐怕都勝過教練的一句：「林書豪，該你上場了！」

四、找出最適合自己的方式／找到一個能讓你發揮的體系（Find the system that works for your style）——

在NBA中，你想去哪支球隊往往不是你的決定，是球隊方面根據自己的需要，選擇他們認為適合自己球隊的球員，當然，每支球隊都有一套嚴謹的篩選系統，去選擇需要的球員，因此，在某種程度上，一個球員進了某支球隊，必然會有一定的適應基礎，林書豪在金州勇士隊無法得到發揮，再透過火箭轉到紐約，一直都是替補的替補身分，但因尼克隊的教頭丹東尼擅於小球戰術及半場進攻的擋拆戰術，林書豪又和丹東尼的戰術理念速配，因緣際會下，在對籃網的比賽，主力球員受傷，替補球員表現也不太理想，這就讓林書豪得以有機會爆發。

整個過程中，就是一個機遇在起作用。

只是，在聯盟中，能去哪支球隊不能去哪支球隊，由不得你，但適應一個體系，絕對是你在職場上能否無往不利的重要因素。試想，籃網那天在主力和替補都沒在場的情況下，好了，教練讓林書豪有夠多的上場時間，但他仍然無法適應尼克隊的進攻和防守體系，無法打出好成績，那還會有現在的林書豪嗎？

另一個與林書豪有同鄉之誼的賈伯斯（Steve Jobs）是個很不錯的例子，如果他當年沒有選擇離開瑞德學院（Reed College），離開了那個學術「體系」，又沒有在印度，經歷了七個月的艱苦旅行……又沒有與朋友在自家車房裡成立了蘋果公司，後來離開蘋果，再回到蘋果……

這個賈伯斯，會是我們現在所知道的賈伯斯嗎！

賈伯斯的故事，有命運在起作用，但更重要的是，他與周邊的體系是否能融合，要不，就是他自己創造一個適合自己的體系。

其實，我也很難想像，如果林書豪第一年進金州勇士隊就受到重用的話，他還會有今天嗎？或者說，今天的林書豪仍會是那個可以一手救回一支球隊的球員嗎？

五、不要忽視可能就在隊上的好手（Don't overlook talent that might exist around you today on your team）——

這部分讓我想到「蕭何月下追韓信」的故事。

秦朝末年楚漢相爭，韓信先投奔項梁，項梁兵敗後歸附項羽。韓信曾多次向項羽獻計，始終不被採納，於是離開項羽，去投奔了劉邦。

有一天，韓信違反軍紀，按規定應當斬首，臨刑時看見漢將夏侯嬰，就問到：「難道漢王不想得到天下嗎，為什麼要斬殺壯士？」

夏侯嬰以韓信所說不凡、相貌威武而下令釋放，並將韓信推薦給劉邦，但未被重用。

後來，韓信多次與蕭何談論如何打敗項羽得天下的大計，特別為蕭何所賞識。

劉邦至南鄭途中，某個晚上，韓信在軍營中幾度思量自己難以受到劉邦的重用，心裡不好受，想想，乾脆走了算了，於是連夜整理包袱離去，蕭何發現後，嚇了一跳，趕緊跨上馬，披星戴月去找回韓信。

此時，劉邦正準備收復關中。蕭何就向劉邦推薦韓信，稱他是漢王爭奪天下不能缺少的大將之材，應重用韓信。劉邦聽了蕭何的分析後，就採納了蕭何的建議，還特別選日子齋戒，設壇場，拜韓信為大將。從此，劉邦依靠蕭何和韓信，這一文一武兩大將，最後打敗項羽，建立了中國歷史上第一個大帝國——漢朝。

如果把這個「隊」（team），解釋成「團隊」，用在職場上，意義也可相通。

記得在二月十日與湖人隊賽完後，小飛俠布萊恩也為林書豪能在湖人面前砍三十八分嚇了一跳，然後他下了個結論：「我要是球隊老闆，會把當初看走眼的什麼球探什麼籃球事務總裁通通炒魷魚。」

在尼克隊之前，林書豪起碼待過金州勇士隊和休士頓火箭隊（雖然只是個過客），他的籃球素質，一直都擺在那邊，一直就是那個樣子，但是，當球隊的人，上自老闆下至球員，竟沒有人感覺到一個真正的戰將就坐在旁邊，就在你們隊上天天吃喝拉撒睡，還老是怪球隊花了數千萬請來的誰誰誰怎麼老愛創造自己的（得分）紀錄，不管球隊死活。又沒有人能夠像蕭何一樣認知到這個強將就在隊上，把他當做寶，那麼，這支球隊的結構狀態和人事顯然出了很大很大的問題。

千金難買早知道，如何能早點知道你的團隊中有這麼個良將，其實不容易，但有一點可以確定，如果你帶著有色的眼鏡去看事物去看人，是永遠成不了蕭何的，當年的那些球探，或許對像林書豪這樣身材，又是亞裔的球員，有了先入為主的看法，潛意識認為他成不了大器，因為之前的亞裔從未有真正在賽場上成功的例子（姚明？是的，他在商場上及球隊因他創造出的經濟效益上很成功，但我不認為他個人在「賽場」上算成功！巴特爾？孫悅？搞不好還勉強算成功，因為他們分別在馬刺和湖人時，因緣際會都拿到了冠軍戒指），自然不會留意到他，你不能說他們錯，他們憑著自己稍嫌狹窄的經驗，做了這樣的決定，有他們的道理，但也註定了這些球探，不可能成為另一個蕭何，只是個平平的……在球隊討生活的另一群人！

六、別人喜歡原本的你，所以不要改變最初的自己／別試著成為某某人

（People will love you for being an original, not trying to be someone else）

——

林書豪在一次訪問中說：「在上個球季（二〇一〇～二〇一一），當時基本上只有眼淚和我相伴，當時我撐不下去了，那些局外人總跟我說，至少你還能拿NBA的薪水，可是，真正讓我受傷的是，我連證明自己身手的機會都沒有。」

林書豪是虔誠的基督徒，在比賽前有禱告的習慣，一月二十七日尼克隊在開拔到邁阿密對戰熱火隊時，在賽前禱告時說的話，據說被熱火隊的海斯倫（Udonis Haslem）傳了出來，海斯倫向媒體說：「我當時在外面，聽到他向神祈求尼克隊不要將他釋出。」

相信林書豪在意的不是薪水，而是這分可以讓他喜愛的工作。

就是因來自信仰的力量，讓林書豪在面對公眾時，能夠保有一分真誠。類似

的例子在NBA過去七十年的歲月中，有，但屬鳳毛麟角。

記不得是在林書豪竄紅後的哪一次記者會，快結束時，他向還留在現場的一些（華裔）記者，誠懇地說了句：「如果你們覺得我開始高傲了，請提醒我！」

這才是真實的林書豪。

撇開球技，這也是他與聯盟其他巨星不同之處，當然，因為他是台裔子弟，更加讓我們珍愛。

七、保持謙遜（Stay humble）——

我想起一個可能是真實的笑話，有一次美國總統林肯（Abraham Lincoln，一八〇九－一八六五），在白宮辦公室擦拭自己那雙有點髒的皮鞋，這時一個侍從官走進來，看見這一幕，嚇了一跳說：「總統先生！天啊！你擦自己的鞋子！」

林肯也嚇了一跳，抬起頭來反問一句：「那，你覺得我應該擦誰的鞋子？」

二月二十一日，在費城踢館成功，以八十二比七十九擊敗七六人隊之後，一堆記者擠進更衣室專訪林書豪，林書豪接受完採訪後，大批媒體散去，到另一間七六人的更衣室去追訪其他的球員，這時林書豪背上雙肩背包，臨走時彎腰把自己的護膝撿起來放好，又把毛巾和球衣抱起來放到門口再離開……

或許因為「習慣」了給大牌球員遞飲料和毛巾，這些本應該由球童負責的雜事，林書豪也不介意自己來做，讓最後一個離開更衣室而不小心看到這一幕的記者大為感慨，這是林書豪讓人佩服，最讓人心疼，也最讓人深愛的地方。

八、**讓身旁的人更好，別人會永遠愛你**（When you make others around you look good, they will love you forever）——

林書豪打的位置是控球後衛，球隊中的一號位置，這個位置有個別名，叫「場上指揮官」，因為教練不可能自己下場指揮球隊。

打個比方，教練在告訴你下個戰術要打擋拆（Pick and Roll）時，通常由控球後衛與另一個高大隊員（一般是大前鋒或中鋒）來執行這個戰術，換做尼克隊時，假設是由控衛林書豪和中鋒錢德勒來執行好了，到了場上，對方也不是笨蛋，傻傻地杵在那邊像少林木人巷，讓你練拳腳，他們肯定也想破解你的戰術，這時候，在瞬息萬變的場上，教練又不可能到場中大喊大叫（否則就要吃上技術犯規）。

這時林書豪在行進或傳球間，只能憑他的經驗和智慧，扮演如同教練的角色，在有空檔的時候，他不可能停下來問教練，「我現在是不是該往左切？是不是該傳球了？」

在兵荒馬亂之際，他必須當機立斷，絕大部分時候，他一切入，就會引誘兩三個對方球員包夾，如此一來，其他隊友就有得分的空檔了，此外，他還能藉由擋拆造成「防守錯位」（miss match）——對方的矮小控衛來防守高大的錢德勒，便可將球回傳錢德勒得分，或傳給禁區外其他有空檔的球員取分，完成一次助攻。

這就是「讓身旁的人（或隊友）更好）」的粗淺意義。

你知道喬丹為什麼「偉大」，而不只是一個好球員，因為他能夠讓他的隊友更強，最典型的就是那「天下第二人」的皮朋，跟著喬丹吃香喝辣，雨露均霑地拿了六枚冠軍戒指，但在喬丹第一度退休的兩年間（一九九三～一九九五），他似乎也想藉一己之力，將公牛隊帶向總冠軍，但總是功虧一簣。他沒有辦法改變這個事實：是喬丹，讓皮朋變得更為強大。

球隊中像喬丹或林書豪這樣的人，在企業中，多半扮演的是行政總裁（CEO）的角色，在教育界，他是教務組長或教學組長（看學校編制，但絕不是校長，校長比較接近老闆），在大陸，他是總理（總書記也比較接近老闆），在台灣，他是總統或行政院長，在家中，他通常是扮演爸爸的角色。老闆？那是媽媽！

九、別忘了幸運和命運在你生命中的重要性（Never forget about the importance of luck or fate in life）——

這一堂課講的是「信仰」或「信念」，但是，我不覺得它指的是林書豪的基督教信仰那麼狹隘，無寧說，它應是一種更廣義的信念，信仰當然包括在內。你是基督徒，相信有天堂與救贖；你是佛教徒，相信有西方極樂世界和輪迴；你是無神論，相信一切靠自己努力才能得到（這其實也是一種信仰和信念）；你是將軍，相信《孫子兵法》的「地有所不爭，君命有所不受」（有的地方不一定要去爭奪，老闆的命令有時情況不允許就不要遵行）的作戰準則……所謂幸運和命運，說穿了，無非也是因為對信仰和信念的堅持的結果。

林書豪曾說，如果他再被尼克釋出，再沒有球隊要他的話，他會去當一個傳教士。

傳教士或牧師固然也是一個神聖的工作，但你造福的只是一群跟你有著相同信仰的人。有趣的是，或許是林書豪在熱火隊球場的祈禱起了作用，神聽到了他的祈禱，也同情他的遭遇，決定讓他在幾天之後大爆發，然後將尼克隊的命運交到他的肩上，然後……

讓全世界都因他的傳奇故事，獲得啟示，獲得救贖。

孫文當年也是一個信仰和信念在心頭繚繞，讓他堅持革命的理想，逐漸得到更多人的認同，終於一個（四川保路風潮）契機，引得全中國怒火燎原，終讓革命者達陣成功，滿清慘敗，退出總冠軍賽。

十、全力以赴（Work your butt off）——

據說即將為林書豪設計專屬鞋款的耐吉（NIKE），他們的廣告詞是這一堂課最好的主題：Just Do It！（翻成中文就是：好好做，別胡思亂想。）

不過，如果能再加一句英文片語：Do your best（盡百分之百之力去做），將更貼切！

同學們！下課！

十堂課・總複習

1. 就算沒人相信你，你也要相信自己。
   Believe in yourself when no one else does.
2. 當機會降臨時要懂得把握。
   Seize the opportunity when it comes up.
3. 家人永遠支持你，你也支持他們。
   Your family will always be there for you, so be there for them.
4. 找出最適合自己的方式／找到一個能讓你發揮的體系。
   Find the system that works for your style.
5. 不要忽視可能就在隊上的好手。
   Don't overlook talent that might exist around you today on your team.
6. 別人喜歡原本的你，所以不要改變最初的自己／別試著成為某某人。
   People will love you for being an original, not trying to be someone else.
7. 保持謙遜。
   Stay humble.
8. 讓身旁的人更好，別人會永遠愛你。
   When you make others around you look good, they will love you forever.
9. 別忘了幸運和命運在你生命中的重要性。
   Never forget about the importance of luck or fate in life.
10. 全力以赴。
    Work your butt off.

NBA武林

林書豪來自基督教家庭，又篤信基督教，成名後隨之而來的種種誘惑，他如何抵拒？他曾向媒體說：「很多人打NBA，是為了女人，為了錢，為了物質生活，我不是說我不需要……，但我最先考慮的，還是上帝，還是我的信仰。」接著，他也承認：「現在我受到的誘惑更多了，我需要更細致地管理好各方面……，這是一種鬥爭，但我會堅持。」

尼克這支隊☆　江山代有人才出，十年出了林書豪

放眼我們四周，年紀比紐約尼克大的恐怕不太多，它是美國國家籃球協會（ＮＢＡ）的創始球隊之一（一九四六年），年紀可以當林書豪的爺爺了，位於紐約州的紐約市，主場為麥迪遜花園廣場。它也是從最初的ＢＡＡ（Basketball Association of America）聯盟開始就沒有搬遷過城市的兩支球隊之一（另外一支是波士頓塞爾蒂克隊）。

一九四六年六月六日，尼克隊和其他十支球隊開始了他們的首個賽季。一些球場的工作人員聚集在一起商量ＢＡＡ聯盟的事宜。他們將球隊分成了兩個部分。東部聯盟有紐約尼克隊，波士頓塞爾蒂克隊、費城勇士隊（Philadelphia Warriors）、普羅維登斯壓路機隊（Providence Steamrollers）、華盛頓國會大廈

隊（Washington Capitols）和多倫多愛斯基摩犬隊（Toronto Huskies）。西部聯盟有匹茲堡鐵人隊（Pittsburgh Ironmen）、芝加哥公鹿隊（Chicago Stags）、底特律獵鷹隊（Detroit Falcons）、聖路易轟炸機隊（St. Louis Bombers）和克里夫蘭叛逆者隊（Cleveland Rebels）。

一九四六年十一月一日，紐約尼克與多倫多愛斯基摩犬隊在多倫多進行了ＢＡＡ聯盟的第一場比賽。最終尼克以六十八比六十六獲勝。尼克的教練是寇哈蘭（Neil Cohalan）。

一九四九～一九五〇年賽季，職業籃球又有了進一步的發展，隨著另一個籃球聯盟ＮＢＬ（National Basketball League）的六支球隊轉投ＢＡＡ，擴充後的聯盟正式更名為ＮＢＡ——National Basketball Association。此時的ＮＢＡ聯盟共有十七支球隊，並且分為了西部、中部、東部三個賽區。紐約尼克隊留在了東區。本賽季儘管紐約尼克隊的戰績退步為三十六勝三十負，但他們還是以東區第三名的成績進入了季後賽，並於次年第一次打進了總冠軍賽。

這個賽季也為其他族裔的球員帶來了機會：紐約尼克的克里夫頓（Nat

Clifton）成為第一個和ＮＢＡ簽約的黑人，他如果是六十二年前尼克隊樹立的第一個里程碑，那麼，林書豪則是紐約第一個吸收的華人，算是第三個里程碑。

那第二個里程碑呢？

那是一九四七年尼克簽下日裔美籍的三阪亙，他是第一個真正站上ＮＢＡ賽場的亞裔球員。與林書豪一樣身為控球後衛的三阪亙僅僅出賽三場得到七分之後，就被球隊資遣了，他先發過一場對壓路機的比賽，但那也是他最後一場比賽。三阪沒有把離開的原因歸給種族因素，他說那是因為球隊裡已經有太多後衛。

從這三個里程碑看得出來，在某種程度，尼克隊是個滿有魄力的球隊。

林書豪引人關注的，除了他的華人身分外，還有他哈佛畢業的背景，哈佛代表高智商和會讀書，有趣的是，在林書豪之前，最近一個哈佛大學畢業打ＮＢＡ的球員，是一九五一年以第一輪第六順位進聯盟的史密斯（Edward Smith），當年選他的，也是紐約尼克隊。史密斯在聯盟中待的時間不長，僅在一九五三～一九五四年球季為尼克隊打了七場比賽，平均二點五分和二點四個籃板。

哈佛人史密斯進ＮＢＡ，也算是尼克隊魄力展現的一個小小註解。

從尼克隊史的角度看，他們的全盛時期應是一九七〇年代初。

一九六九～一九七〇年賽季，尼克在例行賽第一次獲得了六十場勝利，其中包括創下ＮＢＡ記錄的十八連勝。他們的開局戰績為九勝一負，開始了他們輝煌的一季。

瑞德、佛雷塞和狄布斯切爾參加了當年的ＮＢＡ全明星賽，瑞德更是贏得了全明星賽ＭＶＰ的殊榮。雖然在賽季末尾的幾個星期他們僅取得了六勝七負的戰績，但是最終還是以六十勝、二十二負的戰績排名聯盟第一。

本屆總決賽堪稱經典，由尼克隊與西區湖人隊爭冠，前六場比賽尼克三度領先，湖人三度扳平，第三場和第四場比賽都是經過了延長賽才分出了勝負。

一九七〇年的總冠軍賽，是ＮＢＡ歷史上真正的經典時刻，第七戰更是經典中的經典。尼克中鋒兼隊長瑞德在第五場比賽中拉傷腿部肌肉。沒有了瑞德，湖人隊的張伯倫在第六場比賽中像闖入了瓷器店的狂牛，大殺四門，轟下四十五分，最終帶領湖人以一〇三比一一三輕鬆的獲得勝利。

於是，瑞德能否在第七戰中上場成了未知數，他的缺席顯然將給尼克隊帶來毀滅性的打擊。當尼克隊員魚貫從更衣室中走出時，仍然沒有人知道瑞德是否會上場，但是當跳球開始前，全場一陣肅靜，一萬多人屏氣凝神，驚訝地看著瑞德一跛一跛地從通道走到球場，開始加入比賽，並且為尼克隊砍進了前兩球。

瑞德的上場使尼克隊士氣大振。佛雷塞在瑞德的精神感召下，砍了三十六分並取得十九次助攻，而且他在罰球線上的表現相當完美，十二次罰球全部命中。最終尼克以一一三比九十九戰勝湖人，歷史上首度捧起了冠軍獎盃。

瑞德獲得了例行賽MVP，全明星賽MVP和總決賽的MVP。他和佛雷塞兩人也都入選了NBA的第一陣容，教練荷茲曼（Red Holzman）也被評為當年的最佳教練。但是球迷都知道，尼克獲勝的關鍵是團隊合作以及因瑞德帶傷上陣所引發的士氣。

一九七〇～一九七一年賽季，尼克的戰績下滑至五十二勝三十負，但仍然進入季後賽。在季後賽首輪，尼克以四比一擊敗了亞特蘭大老鷹隊，但是第二輪苦戰了七場，最終敗給巴爾地摩子彈隊。最後一場，巴爾地摩子彈隊在麥迪遜花園廣場以二分的優勢帶走了勝利。

一九七二～一九七三年賽季，尼克隊贏得了第二個總冠軍。帶著五十七勝二十五負的例行賽戰績，他們以大西洋賽區第二名的成績晉級季後賽。第一名例行賽戰績為六十八勝十四負的波士頓塞爾蒂克隊。在前兩輪中，尼克輕鬆的淘汰了巴爾地摩子彈隊和波士頓塞爾蒂克隊，總決賽再次遇上了湖人隊。與前一個總冠軍賽季（一九六九～一九七〇）的比賽相反，尼克丟掉了第一場，不過，沒事沒事，隨後尼克連勝四場最終奪得球隊歷史上的第二個總冠軍——也是迄今尼克隊唯二的總冠軍。

之後十二年的尼克隊，戰績起起伏伏，也沒能出過真正的領袖人物。直到一九八五年。

一九八五年五月十二日，NBA為七支未能進入季後賽的球隊舉行了選秀抽籤大會。紐約尼克贏得了狀元簽，隨後選中了七尺的美國喬治城大學畢業生，中鋒尤英，對當年的紐約客來講，這如同上天送給紐約尼克隊的大禮物。

一九八五～一九八六年賽季，尼克的戰績為二十三勝五十九負，尤英的新秀賽季表現出色，但是因為膝蓋受傷缺席了三十二場比賽。即使這樣，他還是新秀中的得分王（二十分）和籃板王（九個），並且入選了ＮＢＡ全明星賽（因傷勢未能參加）。當年，他被選為最佳新秀，這是尼克自一九六四～一九六五年賽季的瑞德之後，第二次有隊上新人獲選此最佳新秀。

不過，老天就愛捉弄尤英，為他找來了一個「天敵」——喬丹，讓尼克隊雖年年進季後賽，卻年年出不了東區，因為東區還有個喬丹領軍的芝加哥公牛隊，讓他有生之年，只能大嘆：「天生（尤）英，何生（喬）丹」啊！

雖球隊在一九九四年（喬丹第一次退休打棒球去了）和一九九九年（喬丹第二次退休）都打進了總決賽，但一次遭到火箭隊狂轟濫炸，另一次被馬刺隊刺傷，傷痕累累回到紐約。

由於這兩年是尼克二十年來最接近總冠軍的一次，卻鎩羽而歸，讓自認是ＮＢＡ首都的紐約人心情超不爽，對尤英一陣狂罵，最後尤英只能黯然離去。

又十年後。

這個球季，尼克從板凳席上找到了另一個救世主——林書豪，我不知林書豪能帶給紐約的未來什麼樣的改變，對林書豪和全紐約和全美、全亞洲和全世界來講，這是一個新的體驗，這一個時代已然展開，我們能做的，只是慢慢看下去。

尼克隊退休球衣號碼（依號碼序）

只有曾對球隊有過重大貢獻的球員，能夠讓其繡有球員姓氏的球衣號碼高高掛在麥迪遜花園廣場屋頂。

號碼	球員名位置	球員生涯
10	佛雷塞（Walt Frazier）後衛	1967年～1977年
12	巴奈特（Dick Barnett）後衛	1965年-1974年
15	蒙羅（Earl Monroe）後衛	1971年-1980年
15	馬奎爾（Dick McGuire）後衛	1949年～1957年
19	瑞德（Willis Reed）後衛	1964年-1974年
22	狄布斯切爾（Dave DeBusschere）前鋒	1968年-1974年
24	布萊德利（Bill Bradley）前鋒	1967年-1977年
33	尤英（Patrick Ewing）中鋒	1985年-2000年

另外，一九七〇年代初曾率尼克隊兩度登頂的教練荷茲曼，他帶領尼克隊拿下例行賽六百一十三勝的「613」也成為退休號碼，做為表揚。值得一提的是，赫赫有名的禪師教頭傑克遜，他一生拿過十三枚冠軍戒指，其中六枚是在芝加哥公牛隊教頭時代，五枚是在洛杉磯湖人隊任教頭時代，另外二枚，少有人提及的，卻是其在尼克隊任球員時（一九六七～一九七八，後被交易至紐澤西籃網隊，再打了兩年，到一九八〇年退休），剛好趕上尼克全盛時期所拿下，但因其在球員時代屬於替補球員，因此，他的球衣號碼未在紐約主場掛起。

NBA的性與金錢☆林書豪的人生球場

一個朋友傳來電郵，蒐羅了大陸網友的精言妙語，其中一則讓我印象深刻——幾位記者從延安回來，向蔣夫人讚揚共產黨人廉潔奉公、富於理想和獻身精神。

宋美齡感觸良深，默默地凝視長江幾分鐘後回身，說出了她畢生最悲傷的一句話：「如果你們講的有關他們的話是真的，那我只能說他們還沒有嘗到權力的真正滋味。」

我們總說，在中、港、台，窮人家小孩的唯一出路，幾乎只有一個：讀書。在美國，窮人家小孩的出路，也幾乎只有一個：打球。（有統計說，美國窮人家的小孩，往往書也讀得鴉鴉烏，這點暫時保留。）

記得有一年，艾佛森（Allen Iverson）在運動廠商邀約之下訪問台灣，我跟他做了採訪，在正規的採訪主題外，艾佛森與我們聊了很多往事，他的媽媽和姐姐也在場加入了話局，我才知道艾佛森的一點身世，他的生父很早就丟下他們小孩出去晃盪，艾佛森從小是他媽媽帶大的，住的是廉價國民住宅，由於單位在最底層，每當颱風下雨天，下水道積了水，就把全幢樓的屎尿全「擠」了出來，他們一家有時睡在床上，一個轉身就可以看到一坨糞便從不遠處的積水上飄浮而過。

艾佛森發誓要離開這一切，於是發憤打球，練出他知名的換手轉身過人絕技，拿到喬治城大學獎學金，後來以選秀狀元之姿進入ＮＢＡ，成為千萬富豪，生活與當年不可同日而語。

像艾佛森這樣的窮小孩，最後打球有成的孩子在聯盟中比比皆是。

這些人一旦脫離了貧困，開始有錢了，隨之而來的，就是一堆誘惑：性，以及濫花錢這回事。

先回到林書豪吧！

比起很多窮人家出身小孩，有很大不同的是，林書豪的家庭在美國，應屬中上，雖不見得屬富豪階層，但絕對在小康之上，來自這樣階層的NBA球員，為數不多，但總歸是有，例如希爾、布萊恩，但不管你來自哪個階層，做為一個運動細胞發達的「男人」，一旦有了很多很多的錢，甚至因名氣引來找你代言的廠商，再給你更多更多的錢，能否把持得住，恐怕是最大的挑戰。

除了來自中上階層家庭，更重要的是，林書豪還是來自基督教家庭，又篤信基督教，對於隨之而來的誘惑，他如何抵拒，頗具意義，他曾向媒體說：「很多人打NBA，是為了女人，為了錢，為了物質生活，我不是說我不需要……，但我最先考慮的，還是上帝，還是我的信仰。」接著，他也承認：「現在我受到的誘惑更多了，我需要更細致地管理好各方面……，這是一種鬥爭，但我會堅持。」

當然，在NBA聯盟中，林書豪才七十萬的年薪（由於二〇一一～二〇一二是縮水球季，球賽場次僅六十六場，比正常球季的八十二場還少了十六場，林書豪實領可能不到六十萬），在聯盟中連中產階級都算不上，有可能還感覺不到金錢帶給他的「震撼」，但下個球季，他的薪水早已被專家預測不僅會是三級跳，而是七八級跳，屆時，他嚐到金錢的滋味了，他面對自己那人性本能的挑戰才開始。

女人

估計未來很難有人打破的ＮＢＡ連七屆籃板王，小蟲羅德曼在他的自傳*Bad As I Wanna Be*（國內翻成《盡情使壞》）中，提到一件發生在他自己身上的事，就是他每次去亞特蘭大時，都會找一個女孩子，那女孩是老鷹隊的啦啦隊長。三、四年間，兩人愛做的事都做了很多次。同時維持輕鬆低調的關係，小蟲心總想著：「她只是一個朋友，不會造成問題。」

這女孩把羅德曼給她的東西很小心地放在一個箱子裡，這些「東西」並非禮物或情書，卻是一些「垃圾」，例如手寫電話號碼的小紙片、心情不好時隨手撕碎的紙條，晚餐的收據……。

她也收藏羅德曼寫的一些小便箋，如「如果我倆沒有結果，希望還是朋友。」

我們永遠是朋友。」

羅德曼自述：「有時我只想跟女孩子做朋友，但就是沒辦法。我只想在巡迴賽途中有個地方憩息，但大多數的女人都把這種關係視為愛情……。她們會想：『如果我在床上讓你夠爽，就會產生愛苗了吧！』。」

一九九五年初，那個老鷹隊的啦啦隊長將小蟲羅德曼告上了法庭，理由是小蟲將疱疹傳染給她，向他求償一百五十萬美元。

在法庭上，那個女孩還把收集「垃圾」的箱子搬出來，做為證據，引起旁聽席一陣轟笑。但羅德曼很在意「疱疹」這回事，在書中他強調「我沒有疱疹」，最後法官也同意小蟲的證詞，他打贏了官司，但他也得付律師費二十二萬五千元。

在啦啦隊長提出控訴之後，一直以為小蟲會尋求庭外和解，她跟羅德曼說：「好吧！五十萬給我，此事一筆勾銷！」但小蟲的回應則是：「只因為我沒傳染疱疹給你嗎？沒門兒！」

另一個有名的「紀錄」是從張伯倫嘴巴裡講出來的，他生前曾說，他一生搞過兩萬多個女人。對照他一生中抓下的二萬三千九百二十四個籃板紀錄，等於是，每抓一個籃板，就有一個女人陪他上床！

小蟲在《盡情使壞》書中直言：「兩萬個女人？那是在他生涯十五年到二十年間的事，如同每天要搞三到四個。」

因此，羅德曼也認為，張伯倫在扯淡！[1]

但扯淡歸扯淡，ＮＢＡ球員與性之間，的確是有著難分難解的關係。

二〇〇二年底某個夜晚，還是聯盟一年級生的姚明正在客場城市的一家酒店休息，這時房間的門被敲響，姚明打開門一看，一個濃妝豔抹，穿著超短裙的華裔女子正慵懶地斜倚在門柱旁，問姚明：「今晚讓我來為你服務！GFE（Girl Friend Experience），一定讓你有全新的體驗哦！」

姚明笑笑，禮貌性將她請走後，不久，一個電話打來了，是他的隊友，還熱心地問他感覺如何，姚明這才知道，這女子是隊友的「好意」——送給他的見面禮。

性，在ＮＢＡ中，意義相當特別，它可以用來饋贈，完全沒有台灣人「請東請西，不能請XX（略去）」的忌諱，每晚比賽結束後，每個球隊住宿酒店的入口甚至大廳，往往都會佇立著一群，或一大群年輕女子，各種膚色各種族裔都有，她們之中有一半是妓女，一半是粉絲——不，是超級粉絲，她們的目的是什麼，球員心知肚明，酒店職員心知肚明、酒店的清潔工也心知肚明，甚至從門前經過的一隻貓和一隻狗……都心知肚明。

很少有球員——或「男人」，能挺得住這樣的誘惑，但，挺不住也沒有關係，男人嘛！可以理解。可惜的是，挺不住的結果或下場，往往是很不一樣的。

小蟲羅德曼最後從官司中全身而退，算是幸運的，雖然花了二十二萬五千美元的律師費，但對他近千萬的年薪（在公牛隊時期年薪九百萬）來講，這點錢根本只是雞肋。

另一個典型的例子，就比較不幸了，他是魔術強森。一九九一年十一月，剛

1.《盡情使壞》，周學治譯，一九九七年二月，智庫出版。

滿三十二歲又兩個多月，正值籃球運動員生涯最高峰之齡，宣布因罹患愛滋病而退休，當時這位湖人隊名控衛的突然宣布，不知讓多少視他為英雄的愛打球的孩子心碎，魔術強森的魅力不僅僅來自於他那「魔術」師般的傳球技巧——他本名是厄文強森（Ervin Johnson），因魔術般的球技而被媒體取了「魔術」之名後沿用迄今，還有他那隨時掛在嘴角，天真般的燦爛笑容。

魔術宣布退休沒多久，紐約時報的專欄作家安德森（Dave Anderson）語重心長地寫了一句話：「魔術強森，他不是英雄，是個享樂主義者！」

在魔術退休後，有一次接受電視的深夜談話性節目訪問，他坦承，在醫生推算他罹患愛滋病的時間範圍內，他與太多的女人上過床，以至於是哪個女人，（更誇張的）甚至連在哪個城市感染到的，他竟完全沒有印象。

劉大任在〈「魔術」強森的魔術〉一文中不得不，也是語重心長地下了個模糊的結論：「難說一定是強森『玩』女人，還是女人『玩』他。」[2]

相信在紐約這五光十色的大都會城市打球，林書豪面對的誘惑（用「挑戰」不知恰不恰當），與他的前輩們都是一樣的，甚且有過之而無不及，我想起

「惡漢」巴克利（Charles Barkley）在他傳記*Outrageous! The Fine Life and Flagrant Good Times of Basketball's Irresistible Force*（國內翻成《無法無天》）中講的一句話，可以做這一小節的註腳——

> 上帝每天都給我們考驗，魔鬼也每天給我們考驗。我們每天早上起床，就會有一些人來考驗我們對上帝以及對自己的忠誠。要了解無論是什麼樣的考驗，都是你和你自己之間的對抗——這是生活真正的關鍵，不會是你對抗任何人，因為沒有人可以要你去做你不想做的事。[3]

林書豪是虔敬的基督徒，巴克利二十年前的這番話，他應該聽得進去。

2.《強悍而美麗》，劉大任著，一九九五年二月一日，麥田出版。

3.《無法無天》，陳逸群譯，一九九三年五月一日，麥田出版。

金錢

還是得拿小蟲羅德曼做這一小節的開頭。這是今年三月底的新聞。

據國外網站報導，羅德曼麻煩不斷。由於拖欠贍養費，他被前妻米歇爾羅德曼（Michelle Rodman）告上了法庭。而他的律師威利斯（Linnea Willis）表示，羅德曼已經破產。

羅德曼和第三任妻子米歇爾育有兩子，一個十歲，一個九歲。羅德曼拖欠八十萬美元的贍養費，此外還欠米歇爾五萬一千美元的配偶撫養費。法庭稱羅德曼必須按時出庭，如果不支付費用，他將遭到二十天的監禁處罰。

但，威利斯稱羅德曼已經破產，只能向財務經理人和經紀人借錢支付贍養費，威利斯說：「羅德曼是個很不錯的人……但他病了，情況越來越嚴重，沒有能力去工作。」所以很難繼續支付贍養費。

最近也有傳聞指艾佛森的財務狀況瀕臨破產，但又有消息指這是謠言云云，但不論是否屬實，來自《多倫多星報》（*Toronto Star*）的統計倒是一點不假，相關報導提到，六〇%的NBA球員在退休五年內破產。來自澳洲，現效力於金州勇士隊的博古特（Andrew Bogut），二〇〇五年以狀元身分被選進公鹿隊，初來乍到聯盟後，見識過許多球員的揮霍舉動時，就曾驚訝地說過：「他們竟然為了一條項鏈一擲千金，其中有八〇%的人在退役時就會破產。」

NBA球員在經紀人運作下，拿到高薪，但只管自己打球，很多時候對突然從天下掉下來的錢財卻不知如何處理，為了幫助這些自己不懂，自己的家人和親朋好友也不懂如何理財的百萬富豪，NBA在他們剛進聯盟時，會替他們專門開一堂理財的課，請一些理財專家來給他們上課，但不見得都能受用。

最有名的是當年被譽為「天下第二人」的皮朋，聽了花言巧語之後，沒怎麼想，就將一億一千萬美元全放在一個籃子裡，交由一家金融機構打理，結果投資失敗，原資產憑空消失了一大半，皮朋氣得想要告這家金融機構，但人家老神在在，雙手一攤：「正常投資，有虧有贏唄！」

結果自聯盟退下來不到兩年，皮朋宣布破產。

北京的體育記者易小荷在其著作《NBA七宗罪》[4]書中，提到一個早已被淡忘的球星，雷威廉斯（Ray Williams），他是一九七七年第一輪第十順位被選中，選他的球隊——真巧，也是尼克隊，但四年後被交易至籃網隊。

在一九七九～一九八〇年球季，他例行賽平均得二十點九分，還有六點二次助攻和五個籃板，還曾創下單場五十二分的恐怖得分紀錄，是個好手，但在一九八七年球季結束退休之後，現在的他，據媒體報導，「已經是一貧如洗，只能住在朋友家……門口一輛破舊的汽車裡面。」

易小荷在書中沒有提及雷威廉斯為何搞到今天這個樣子，但根據以往的例子歸納起來約略有幾個導致ＮＢＡ退休球員或甚至部分現役球員財務吃緊的因素，像小蟲那樣的不順婚姻也是一個警惕，相似的例子還有，在一九九五年到一九九七年間跟著喬丹、皮朋和羅德曼吃香喝辣，也拿了兩枚冠軍戒的前公牛龍套球員卡菲（Jason Caffey），竟也有十個孩子和八名情婦，這意味著孩子們的母親可以起訴他支付十萬美元的兒童撫養費。二〇〇七年八月被贍養費壓得喘不過氣來的卡菲只能申請破產保護，他的總資產一百一十五萬美元還抵不過總債務一百九十萬美元。

有人說，ＮＢＡ球員最怕的兩件事，一是受傷；一是離婚，因為每段失敗的婚姻後面，就會流失一大筆金錢。

在林書豪開始「瘋」之後，紐約八卦媒體即好事般地傳出名模卡達西安（kim Kardashian）要追求林書豪，結果林書豪向來探詢真假的記者直言：「啥？卡達西安？哦哦！沒這回事！我應該不是她喜歡的那種型！」

果然是名校出身，連說話都帶有機智。他沒有明著拒絕，只說「我不是她喜歡的型」，一方面是Soft Reject，一方面也給人家台階下……女追男嘛，尤其是名模出身的美女級人物，還被嫌，對女方來講，多少有點不堪。

畢業自哈佛大學的林書豪果然聰明，擁有巨乳肥臀的卡達西安，其實曾有婚姻紀錄，對象也是ＮＢＡ球員，她在二〇一一年嫁給了尼克隊的「兄弟」——籃網隊的韓福瑞（Kris Humphries），但這段婚姻僅維持了兩個多月，可想而知，卡達西安必然從中「賺」了不少，哪會是林書豪速配的型！

4.《ＮＢＡ七宗罪》，易小荷著，二〇一一年一月，廣東花城出版社。

有了錢，就可以隨心所欲的做很多事，像賭——喬丹、巴克利都是這方面的老手，毒——林書豪的隊友「甜瓜」安東尼二〇〇六年暑假參加夢幻隊集訓時，就曾被警察在他的車內搜出大麻。這些都有可能讓球員花錢如流水，甚至葬送前途。

無論如何，在理財方面，對於身為經濟系學士的林書豪來講，相信更能應付裕如。金錢的部分，嗯！他面對的挑戰不大。球迷大可以放心！

籃板王——羅德曼

一九八〇年代末期的活塞隊，因崇尚暴力式防守，讓這群球員「贏」（？）得了「壞孩子」（Bad Boys）之名，其中，「大象」連比爾（Bill Laimbeer）是主要的前線「打手」，有前輩在前指導，一九八六年第二輪被選進活塞隊的羅德曼也有樣學樣。

這群球員把什麼叫「骯髒」的球風演繹得淋漓盡致。有一次，活塞在對塞爾蒂克的比賽，大鳥伯德在上籃時，遭到活塞隊一名球員先打手犯規，大鳥的習慣（其實也是很多球員的習慣）就是被犯規後，還會想辦法把球拋出去，如果能矇進一球，兩分，還可獲得小帳加一個罰球的機會，在大鳥被犯之後，他還想跳起將球放進籃框，說時遲那時快，大鳥一把被這大象鼻給狠狠扯下地板，大鳥倒地之後，連比爾狠狠瞪著他：「已叫犯規了，看你還敢投！」

羅德曼也不差，有一次東區季後賽決戰，活塞隊對公牛，公牛隊的皮朋在底線閃過了羅德曼切入籃下，「小蟲」看自己竟被這牛頭馬面給閃過，面子不知往哪兒擺，火氣一上來，乾脆雙手往皮朋背後一推，把他給推進觀眾席，結果皮朋下巴撞到椅子，縫了好幾針。一九九五年小蟲轉到公牛隊時，好事的記者們老愛拿這件陳年往事，問他們的感想。

後來的羅德曼則以喜歡染髮聞名，很多人看他打球，往往是看他今天又染了什麼奇怪的髮色。

一般以助攻做為場上主要武器的控球後衛（像林書豪），屬「純」控衛，那麼羅德曼則是「純」大前鋒的典型。他將搶籃板的大前鋒功能詮釋得相當完美。

羅德曼原來也會得分，進聯盟的第二年曾繳出平均11.6分的成績，但此後得分未再超過10分，自一九九一年東區季後賽敗給公牛後，他想到，自己既然不擅得分，不如發展自己優越彈跳力的天賦，好好鑽研搶籃板的技法，用另一種方式來幫球隊贏球，天從其所願，果然自一九九一～一九九二年球季開始，連續七屆成為聯盟的籃板王。

由於現在投籃命中率高，一場比賽，球兒出手後能成為籃板的機會不多，加上中鋒大前鋒的塊頭日益壯碩，要連續兩三年拿籃板王，相當不容易，因此，要打破羅德曼的連續七屆籃板王，至少要八年，基本上這已是一項不可能的任務，保守估計，連七屆的籃板紀錄，二、三十年內都不太可能打破。

儀式☆ 書獃子擊掌法與其他加油方式

在林書豪先發出場的比賽中，一定有很多球迷對他和菲爾茲在鏡頭前「表演」：戴眼鏡、翻書（《聖經》）、停在某頁、把眼鏡放回口袋，向天空伸出食指……，這一系列的動作印象深刻，林書豪稱這是「書獃子加油（打氣）法」，其深層意識是，讓上帝看到他們的虔誠，然後給予他們力量和信心，在這場比賽中能取得勝利。

這種所謂書獃子加油方式，第一次出現在林書豪的首場先發，也就是二月六日面對爵士的比賽時。原來林書豪靠著在二月四日對籃網二十五分一戰贏得先發位置後，他就與菲爾茲研究該用什麼特殊打氣方式為彼此加油。

那場對籃網的比賽之前，由於林書豪不知道自己什麼時候又會被裁掉，在紐約不敢租房子，每次回到紐約，就只能借住大哥林書雅的家中，但無巧不成林書豪，二月三日那天，林書雅家中偏偏有客人，林書豪不方便去住，只好請以前在舊金山的好友菲爾茲幫忙，當晚就睡在菲爾茲家中客廳的沙發上。

沒想到第二天竟然大發威，使得菲爾茲家的那套沙發也跟著在網路轟傳，有人出價想以一萬美元買下。（我從報導上看，那套沙發外觀像似在平價傢具行撿便宜貨買的，如果猜測不錯，那麼該沙發的原價應不會超過一百美元，感謝那天到訪林書雅家的客人，讓林書豪只能另覓去處；感謝菲爾茲，感謝菲爾茲借那套沙發給林書豪睡了一晚，感謝上帝觀音大士感謝三太子！阿彌陀佛！阿們！）

不過，從這點可以看出菲爾茲與林書豪兩人的交情匪淺，在林書豪大爆發，並確定林書豪會在接下來對爵士隊那場先發之後，菲爾茲和林書豪研究出這套很特別的開場儀式。在菲爾茲眼裡，這是一個能表現他和林書豪之間的感情和默契的有趣方式。

為什麼要發明這種加油方式？

因為林書豪和菲爾茲都是出身學術名校（菲爾茲念的史丹佛大學也是以學術知名的西岸高級學府，學術地位不下於東岸的常春藤聯盟），這兩人，一控球後衛，一得分後衛，堪稱聯盟最聰明的後場搭檔，由他們兩人來操作這一套儀式，誰曰不宜，菲爾茲說：「如果要用三個字形容我們，那就是信仰、書獃子、運動員，也就成了現在這樣囉！」

林書豪和菲爾茲都是基督徒，會想到這種打氣的方式，其實也是可以理解。

不過，NBA中，有自己的「打氣」或「加油」方式的，大有人在。

例如，人稱小皇帝的詹姆斯，在比賽前會先到紀錄台前，抓起一把防滑粉，往空中一灑，形成煙霧的感覺，乍看之下，真的像「皇帝君臨天下」，相當有氣勢。

這是在賽前的打氣方式。

在比賽中，最常見的就是罰球時候。

如小牛隊的控球後衛奇德，每一次罰球，都會向籃框拋飛吻，很逗趣，他大概是把籃框當愛人，希望每個籃框都能在他罰球時，好好眷顧他，那麼，全聯盟三十支球隊，有二十九個主場（洛杉磯湖人隊和快艇隊共用一個球場），每隊主場兩個籃框，算下來就有五十八個籃框，奇德就有五十八個「情人」了，他要如何應付那麼多情人，又不讓它們彼此吃醋，還真難為他了。

再如當年爵士隊的明星「郵差」馬龍（Karl Malone），在罰球線上總會嘴中唸唸有詞，像是在唸一小段經文，曾有記者問他，到底在唸什麼，他則很正經地說：「我是在唸我女兒的名字，因為她會在我罰球時，賜給我一種『神力』。」

不過，我倒是記得一件有趣的往事，有一年馬龍到台灣訪問，我們也是照例問他，罰球時嘴裡到底是在唸些什麼東東，他就俏皮地回答：「我唸的是：我要去台灣，我要去台灣！」惹得在場的人一陣轟笑。

馬龍在爵士隊時的隊友荷納塞克（Jeff Hornacek）罰球時也有個習慣性的「儀式」——用手摩擦臉頰，有點像在擦汗，緩和情緒，有沒有其他意義，就不得而知了。

戰術☆ 擋人，拆解對方防守——Pick and Roll

林書豪之所以能夠崛起，當然首要感謝丹東尼，不管丹東尼在二月四日對籃網一役時，是因無兵可用，才不得不用林書豪，或者他內心真的認為林書豪還算耐用，比起其他隊友，在丹東尼的調教下，到底還是林書豪能將擋拆戰術（Pick and Roll）發揮得最為淋漓盡致，以此用在球場上，獲得很好的效果，才能連勝不止。

什麼是擋拆戰術？

先說什麼是Pick and Roll好了，一般的球評常把它翻譯成「擋切戰術」、「擋拆戰術」、「擋拆配合戰術」，也有教練翻譯成「掩護走位戰術」……，如果我們查字典，Pick的眾多意思中，我大概會取「接應」的字面義，而Roll就會取

「轉動」的字面義，兩個字合起來叫「接應和轉動」，聽起來有點莫名其妙，投射在球場上，就是甲球員（以身體掩護方式）接應乙球員，之後，甲球員轉動身體，再接應……

這甲球員通常是身材比較高大的球員（如中鋒或大前鋒），乙球員則是身材相對比較矮小的後衛球員。

如果我這裡換成籃球場上的講法，就是中鋒或大前鋒以身體掩護後衛切入，當後衛切過了之後，自己就有了上籃的空檔。

或者，也有另一種情形就是，在後衛繞過高大球員切入籃下後，藉由中鋒大前鋒球員的身體，將守自己的對方後衛球員擋出去，這時守高大球員的對手（通常也屬身材高大的球員），或會回過頭來接應防守後衛球員，在電光石火的瞬間，對方相對較矮小的後衛球員，不得不補防本來用做掩護的高大球員，形成一種「錯位（Miss Match）防守」。

這時中鋒或大前鋒，在防守自己的對手變得比較矮小時，就可再轉身逆襲到籃下接應後衛的傳球，或者退到禁區外接應後衛傳回來的球，選擇在禁區外跳投。

因此，上面的幾種譯法，都沒有辦法精確傳遞這項戰術的理念，「掩護走位」沒有帶到後衛的「切」；「擋切戰術」只強調（鋒）擋（衛）切，但切之後，有可能還會再回傳，換言之，它也僅解釋了一半。

「擋拆」稍微接近，擋了之後，主要是「拆解」對方的防守，才能給自己或隊友造成得分空檔。如果用「擋拆配合」就嫌累贅，這個戰術當然要「配合」周全才能成事。

所以，這裡我暫且用「擋拆戰術」。

嚴格來講，擋拆戰術並非什麼高深的戰術系統，幾乎每個ＮＢＡ球隊都會演練這套打法，它屬於半場進攻戰術（通常是雙方球員在半場內各就各位，再開始執行進攻任務）的一種，只是熟練與否，或者能否讓這套戰術千變萬化，在球場上發揮最大功效。歷史上以擋拆戰術做為球隊進攻主軸而較為成功的則是爵士隊，其中，控球後衛史塔克頓（John Stocton）和大前鋒馬龍的配合，最為知名。

執行擋拆戰術要能成功，後衛扮演的角色相當吃重，因為他是主要持球者，在中鋒或大前鋒的掩護下，他所獲得的切入空檔相當寶貴，可能只有一兩秒鐘，他可能直接拿球投籃，也可以回傳給為他掩護的球員，如果他的傳球視野寬闊，在守其他隊友的對手球員趕來包夾時，他也可以送球給其他有了空檔的隊友，他的決定時間不到零點五秒，如果沒有過人的智慧和開闊的眼界，很難！

以林書豪的身高（一九一公分打控球後衛算是高的，一般控衛的身高在一八五公分上下）和智慧，他比其他控衛更能勝任執行擋拆的主力角色，很合理！

擋拆戰術運用巧妙，可以千變萬化，這裡我以圖解方式，介紹兩種比較典型也比較簡單的擋拆戰術。我以林書豪（灰色籃球圖案，代表他是持球者）和尼克隊的中鋒錢德勒（Tyson Chandler，灰色圓型圖案）為範例，黑色圓型圖案代表對手球員，X1代表對手防守林書豪的較矮小的控球後衛，X5代表對手防守錢德勒的高大中鋒。

錢德勒在禁區外，面對籃框及對手X5，林書豪帶球從錢德勒的後面繞過，這時X1因防守林書豪，被帶向錢德勒右側。

林書豪剎那間無人防守，如果他的外線手感還不錯，他可以選擇在錢德勒前方兩三步的位置，藉著錢德勒的掩護來跳投取分，如果其他對方球員有幫忙X1（被錢德勒擋住防守路線）來補防林書豪，一時片刻還無法趕到的動作，林書豪就需當機立斷，立馬從錢德勒的左側快速切入籃下。（圖一）

圖一：

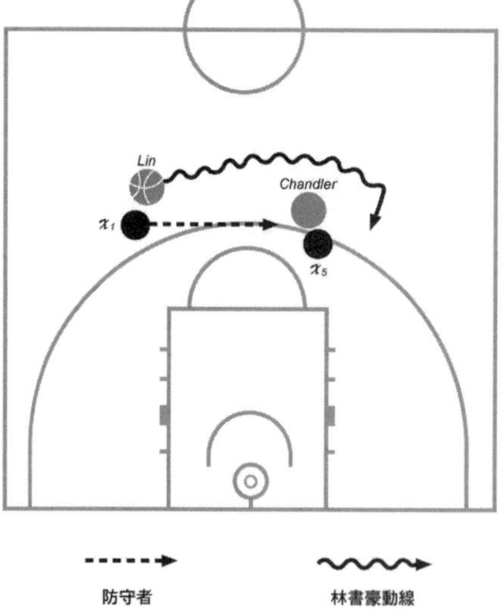

錢德勒背對籃框和防守者X5糾纏在一起，林書豪將X1帶向錢德勒的位置，讓錢德勒與X1「尬」在一起，林書豪再迅速往籃下運球，這時原本守錢德勒的X5跟進補防X1漏掉的林書豪，錢德勒即刻轉身面對籃框，於是乎原本守林書豪的相對較矮小的X1，不得不改守比他高大的錢德勒，形成了「錯位防守」，這時林書豪在接近籃框的左側，將球回傳給衝進禁區的錢德勒，讓錢德勒單吃矮小的X1。（圖二）

圖二：

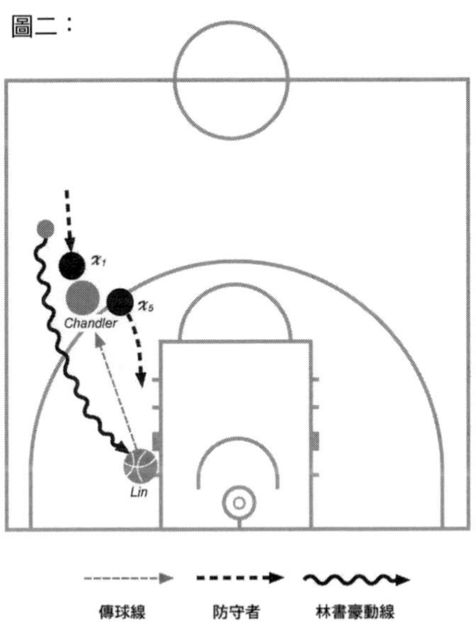

或者錢德勒也可留在禁區外接應林書豪送出的球，在比他矮小的X1面前跳投。

在林書豪繞過了錢德勒到籃下時，對方較高大的X5前來補防，甚至林書豪這一舉動，也有可能吸引弱邊（沒有持球的一側，有可能在右側禁區外圍附近）的對手也跟進籃下包夾林書豪，這就給了弱邊隊友一個空檔，林書豪可以選擇傳出去給有空檔的弱邊隊友。

小球戰術

除了擋拆戰術外，丹東尼在太陽隊時，也擅長小球戰術。

所謂小球戰術，不像擋拆戰術那樣有基本的走位模式，通常都是球隊沒有一個夠強力的傳統中鋒（如歐拉朱萬、尤英、歐尼爾或姚明），球員平均身高不算凸出，但速度夠快、體能夠強、場上五個球員人人都能運球突破，甚至五個球員在各個位置都能投籃，這時教練就會讓球員在全場進攻時，以快速跑動、不斷傳球來拖垮對手的體力，到最後最有利位置得分的球員，即毫不猶豫出手。

由於球員不夠高大，一旦對手走位防守也不慢，讓球的傳導遇到瓶頸，五個球員中就會由兩人（通常是控球後衛與大前鋒）與對手大玩擋拆戰術，製造對手「錯位防守」尋求得分的契機，因此，擋拆戰術與小球打法往往是一家人，小球像家長，擋拆像子女，彼此很難分開。

這種戰術很好看，因為球迷常能看見流暢的得分和漂亮的動作，但殺人一百，自損三千，這種戰術因為很耗體力，導致球隊在防守上會顯得相當薄弱，到了一寸山河一寸血的季後賽戰場，就很容易被淘汰。

運動傷害☆是有點可惜，但林書豪還好啦！

拗了很久之後，北美時間二〇一二年三月三十一日尼克隊官方終於宣布，由於左膝半月板撕裂，林書豪將不得不接受手術，預計將缺陣六周時間。事實上，此一宣布等同於宣告他的本賽季已經到此為止，林來瘋，下季再續。

在這之前，林書豪因為左膝痠痛已經連續缺席三場比賽，本來樂觀估計休息數場即可重回賽場，但種種跡象都預示不妙。果然，尼克隊最後仍然得面對媒體和球迷說清楚講明白：在通過最新的核磁共振檢查後，發現林書豪左膝半月板軟骨有小的長期性撕裂，必須接受手術。

尼克隊宣布林書豪將缺席六周左右比賽，這意味著，林書豪好像、彷彿、似乎、大概、也許、或許、很可能……可以在季後賽第二輪時回到賽場上，但全世界都知道，以尼克隊現在的實力，最多能保七或保八，就算進了季後賽，第一輪不論面對公牛或熱火，都難有晉級第二輪的勝算。

看來，球迷只能等到下個球季才能再看到林書豪了。

或許，就像林書豪自己所言，「如果我是在本賽季初因傷報銷，那麼我真會感到擔憂了。」他說：「或許我會失去工作，或許我為爭取到一個夏季聯賽的名額而打拚。但現在不同了，這也不是會危及職業生涯的傷病，因此不會令我太過困擾。」

不過，就屈屈在下敝人我所知，林書豪「這不是會危及職業生涯的傷病，因此不會太過困擾」的一番話，只對了一半。

球星的殺手

先講不對的那一半好了，哦不，我們先來講一個故事，一個例子吧！

在這個球季（二〇一一～二〇一二）開始前，即二〇一一年十二月上旬時，波特蘭拓荒者隊的後衛羅依（Brandon Roy）宣布退休，比姚明的宣布退休晚五個月。

羅依是在二○○六年加入ＮＢＡ，曾經拿下年度新人王，宣布退休時只有二十七歲，但因膝蓋傷勢難以復原，故而決定提早退休，五年的職業生涯，羅依平均每場可拿十九分，四點七次助攻，四點三個籃板，不過退休前的那個球季（二○一○～二○一一）他只出賽四十七場，平均得分為生涯最低的十二點二分。

過去幾年，羅依一直是拓荒者後場的靈魂人物，但是脆弱的膝蓋卻經常受傷，開過兩次刀，他曾說自己兩邊膝蓋的半月軟骨都已經沒有了，沒有辦法繼續負荷ＮＢＡ激烈的壓力。他在二○○九年時與拓荒者簽下五年的合約，如果他跟聯盟申請因傷退休（medical retirement），接下來合約上所規定的薪資，保險公司有可能吸收，而且在一年之後，他的薪水也不會被算到薪資上限之內。

保險這回事，當然不是我們要談的重點，我們好奇的是，他的傷是怎麼回事？

在他進入聯盟的第一個球季（二○○六～二○○七）他獲得了最佳新秀

（Rookie of Year，簡寫是ROY，剛好與他的姓呼應）的頭銜，但該球季他曾因傷缺席了球季前半段的二十場比賽，為他後來的際遇種下了隱憂。

二〇〇八～二〇〇九年球季是他NBA生涯的巔峰年代，平均二十二點六分、四點七個籃板、五點一次助攻的成績為生涯之最，同時這季他連續第二度被選入NBA全明星賽的西區明星隊，還締造了許多耀眼表現。例如，二〇〇八年十二月十八日對鳳凰城太陽隊的比賽中他得到了生涯最高的五十二分，同時還零失誤，完美得有點恐怖。隔年（二〇〇九）一月二十四日對華盛頓巫師，他抄下了追平隊史紀錄的十次抄截，那個球季，據不完全的紀錄，羅依至少有二十四次在比賽最後三十五秒內投進致勝球（所謂絕殺）或是追平球的記錄，宛如喬丹。

二〇〇九～二〇一〇年球季就不太妙了，那個球季羅依雖仍維持優異的表現（二十一點五分、四點四個籃板、四點七次助攻），同時也是連續第三個賽季被選入參加NBA全明星賽（但因賽前受傷而未上場比賽），但在季末的一場比賽中（二〇一〇年四月十一日），羅依的右膝受傷，經由核磁共振檢查發現他的右膝蓋半月軟骨受到損傷，五天後（十六日）即刻接受手術；沒想到這一次受傷也變成壓垮羅依職業生涯的最後一根稻草。

二〇一〇～二〇一一年開季沒多久尚能正常出賽的他，在十二月終於爆發更大的傷勢：兩膝半月軟骨磨損，逼得拓荒者隊宣布羅依無限期缺賽；後來在接受關節鏡手術之後，羅依於二〇一一年二月二十五日挺著剛剛傷癒的膝蓋復出比賽，並奪得十八分且再次投進關鍵球帶領拓荒者隊拿下勝利，並在當季季後賽對陣小牛隊的第四場比賽中，帶領球隊完成了不可能的逆轉任務。

如果他能夠多休息一個月，情況可能就不太一樣，但事與願違，勉強出賽，幫球隊打出了雖好，可惜還未能登頂的成績，但在球季後，卻讓他的兩膝傷勢問題惡化，醫生看了直搖頭，不得不讓他在好不容易結束勞資爭議的新球季之前，黯然引退。

一顆即將升起的巨星，就這樣被小小的半月板軟骨徹底擊垮！

除羅依外，現在太陽隊的希爾和火箭隊的坎比（Marcus Camby，他的右手臂因有中文「勉族」的刺青而被不少華人球迷熟悉，一九九八～二〇〇二年的四年間，他也曾效力紐約尼克隊），都在同樣的地方受過傷，希爾受傷後再也無法恢復昔日神勇，他在新球季初還對半月板做了一次手術。

說半月板是球星的殺手，不是排第一也是第二（另一個球員易傷部位是腳掌，主要是腳踝）應該不算誇張。所以林書豪講這「不會危及職業生涯」的話，如果不是為了安慰球迷，就是醫生騙了他，或他騙他自己。

膝關節的半月板是纖維軟骨組織，呈周緣厚，內緣薄的楔形，從平面上看為半月形，所以稱為半月板。半月板充填於股骨髁與脛骨髁之間，有增強膝關節穩定的作用。正是由於半月板如同避震的墊片所起到的穩定負載作用，才保證了膝關節長年負重運動而不致損傷。半月板結構和功能的特點形成了它是膝關節內最易損傷的組織之一。在從事劇烈運動和特殊職業的人員中，半月板損傷的機率更高，籃球運動員就是典型。

突然的運動很容易造成半月板損傷甚至撕裂。當膝關節處於彎屈而脛骨固定時，股骨下端由於外力過度旋內、伸直，可導致內側半月板撕裂；同理，如股骨下端驟然外旋、伸直，外側半月板也可發生破裂，打球時的轉身——還記得二月十日對湖人那場，林書豪在罰球線附近轉身閃過費雪（Derek Fisher，已被交易到雷霆隊）上籃得分的精彩鏡頭嗎？就是這個動作——就很容易造成半月板破裂，林書豪此次受傷就屬於這種情況。

對於半月板損傷最理想的治療方法應該是破裂處縫合，使其癒合。半月板縫合術是所有手術方式中遠期療效最好的治療方法，也是對人體損傷最小、最符合人體正常生物力學的方法。隨著關節鏡技術的發展和成熟，使關節鏡下進行受損半月板縫合，它有創傷小、痛苦少、對膝關節正常生理干擾小的優點。

台北榮總運動醫學科主任馬筱笠，曾在接受訪問時提到，除了運動員，一般人也可能會發生膝蓋半月板破損，尤其是經常跪著做家事的家庭主婦，或是背負重物走在高低不平地形的登山者。

馬筱笠認為，以林書豪的情況，只要膝蓋韌帶沒事，治療過程就會順利得多。進行這種關節鏡手術，主要是針對膝蓋半月板損壞部位切除或清創，只要膝蓋關節穩定，整個手術並不複雜，重點是在手術後的肌力活動訓練與復健，一般而言，患者術後應徹底休息四周，對照林書豪的情況，停賽六周是很合理的。

所以，這算是林書豪「不是會危及職業生涯的傷病，因此不會太過困擾」的話中，對的那一半。但別忘記還有「錯」的那一半，他必須要小心對待，如果為急於回到球場，把傷勢越弄越糟，恐怕情況就不見得很樂觀了，想想羅依的情況，小心駛得萬年船，林書豪還是別太大意才好。

當然，比起羅依，林書豪真的要算是幸運的，同樣是半月板受傷，羅依手術後康復過程就是很不理想，他自己又不乖，非要帶傷提前復出，更對半月板造成了進一步的損害。

有傳言說，在宣布退休前，羅依兩隻膝蓋的半月板其實已經完全磨損掉了，換言之，他要是一彈跳，因為沒有「彈簧墊片」保護膝蓋，隨時都有腳骨脫臼的危險，這使他不得不在二十七歲的運動員高峰年齡就提前結束自己的職業生涯。

在林書豪崛起的那段時光，他在很短的時間裡面，打了多場客場比賽，以至於後來在參加全明星賽時，林書豪才不經意地脫口說出終於可以休息一下的話，語氣輕鬆，卻可以看出林書豪多麼疲勞，而疲勞作戰是最容易受傷的。

林書豪曾說，不記得具體是哪場比賽或者哪次撞擊令膝蓋受傷，而膝蓋疼痛已經困擾他一段時間了，直到他決定休戰，可見得林書豪的膝傷與意外無關，是長期積累的結果，過度使用才是這次膝傷的罪魁禍首。在林書豪爆發後，他的上場時間大幅提升，場場三十五分鐘，超過四十分鐘也很平常。尼克隊重用林書豪，是好事，但卻沒注意到他身體的承受力。

此外，林書豪體重是九十一公斤（二百磅），對一九一公分身高的他來講，實在單薄，他的對手用簡單粗暴的打法對付他是最好的辦法。而事實上很多場比賽尼克的對手也是這樣做的，如三月十二日，尼克隊在自家被七六人踢館成功的比賽當中，單單第三節，林書豪就被撞飛四次，而整場比賽多達六次。經常這樣被對手折磨，林書豪想不受傷，大概比忘了老婆或女友的生日而不會被臭罵一頓，還難。

由於因勞資爭議封館導致縮水的二〇一一～二〇一二年賽季，賽程過於密集，林書豪缺少必要的休息時間，日積月累之下，傷勢越來越重。

現在讓林書豪休息，到傷勢完全復原再回來球場，不是壞事，他，他的尼克隊，和球迷們，都要耐心點！

喬丹的左腳踝

除了半月板磨損屬於長期積累的傷之外，籃球運動衝撞激烈，本來也就是很容易（意外）受傷的運動，最容易受傷地區是在禁區內，最容易受傷的時機，是球員飛身上籃或灌籃落地時，腳掌沒站穩，或踩到另一個球員（可能是自己隊友，也可能是對方球員）的腳板，而造成腳踝受傷，傷勢可輕可重。例如「飛人」喬丹，一九八四年進聯盟後，打得虎虎生風，第二個球季（一九八五～一九八六年）開季不久後的一場比賽，他拿起球在禁區直接起身灌籃，到這一刻，都很完美，灌籃動作也很漂亮。

但不漂亮的是落地時，他的左腳掌沒回復到正常的落地姿勢，結果在重力加速度的影響下，整隻腳背挫到地面，事後醫生檢查發現，喬丹的左腳踝的船形骨碎裂，手術加休養時間，跟林書豪一樣，都要六星期，結果術後恢復不理

▲禁區上籃的動作，很容易造成球員落地時踩到其他球員的腳而受傷。攝影／徐望雲

想，直到三月中才重回球場，那一個球季，喬丹只打了十八場球。不過，喬丹很聰明，懂得利用時間，他在受傷休養期間，又回到北卡羅萊納大學補修完他在地質系未完成的大四課程，等傷勢好轉，也拿到了學士學位。（或許林書豪可趁休養期間，回哈佛大學修碩士學位。）

像喬丹受傷的方式，現在小牛隊的卡特應該也很能體會，他剛出道在多倫多暴龍隊時，因為喜歡在禁區內飛來飛去，而被冠名為「加拿大航空」（Air Canada），由於彈跳的次數太過頻繁，二〇〇一～二〇〇二年球季，因膝傷而進廠維修，此後就一直受傷勢困擾，也轉換了好幾支球隊，如今在小牛隊，已淪為板凳球員。

另外一種禁區內的受傷，是在搶球時，球員互相推撞所造成，我想起的現成例子是我自己。

十多年前我曾在國內總統盃附設的新聞盃賽事中，一次籃下跳起與對方爭球時，落地後剛好在對方球員後方，該球員撈到球後右手臂很自然向後一揮，結果我的鼻梁當場被其右手肘打斷，血流如注，那次受傷，我雖然立刻止血，但過後有一長段時間，鼻梁那邊老覺得痠痛，不敢進球場與球友鬥牛。

球場上還有一個很常受傷的時刻，是在球隊發動全場快攻，另一支球隊快速追防，或者兩個速度奇快的球員互相防守時很容易產生的碰撞，太陽隊的「加拿大之光」納許（Steve Nash）和馬刺隊的「法國小跑車」帕克（Tony Parker）兩個都屬速度奇快的控球後衛，他們在球場上就發生過幾次碰撞，納許一次傷到鼻梁，血流滿面，右眼眉也曾碰傷過，帕克那有點凸出的額頭也被納許撞傷過……

還有另一種運動傷害則發生在身材高大，體重超重的中鋒身上，如姚明、歐尼爾（Shaquille O'Neal），他們的膝蓋和腳拇指，都因承受比一般人更大的重量而有大小不等的傷。

但不像歐尼爾那麼自由，要不要參加國際比賽，全隨自己的高興，姚明卻還肩負著打中國國家隊的責任，不僅奧運參加，連錦標賽和一些如亞運或亞錦的小比賽也不放過，被操得死去活來，很早就有人懷疑，大陸籃球單位如果能選擇性地讓姚明參加某些大比賽，小比賽就放過，火箭隊也不要動不動非要姚明連續打滿四十分鐘以上，懂得給他安排充分的休息，不要那麼操，且能夠及早醫治膝傷，讓他徹底痊癒再回到球場……，姚明應不至於那麼早就從球場上退下來。

歐尼爾比姚明大八歲（歐尼爾生於一九七二年三月，姚明生於一九八〇年九月），但卻都是二〇一〇～二〇一一年球季後退休，歐尼爾退休時是三十九歲，姚明退休時還不滿三十一歲，按中鋒的運動壽命，正常的話，姚明起碼還可以再打四、五年，但他那麼早就退休，對火箭隊與華人球迷，損失有多少，精算一下，心都會揪成一塊。

最後要說的是，比較其他運動傷害，像林書豪這類因過度使用所造成的運動傷害，真的還不算太嚴重，不是我在安慰球迷，球迷也真的可以放心，與其為他的傷勢憂心到茶不思飯不想，倒不如我們一起來為林書豪祈禱，願他別太早回到場上，多多休息，真的把膝傷徹底完全治好，完全康復，健健康康活蹦亂跳地再回到球場為球隊做出貢獻，比較實際。

賈霸的養生術

他拿過六枚冠軍戒，是李小龍高徒，也是暢銷作家。

賈霸在一九六七年進入UCLA的籃球隊打球，大一時曾在一次練習賽中帶領新生隊擊敗了高年級生組成的隊伍，且為校隊取得了八十八勝二負的傲人戰績。哈林籃球隊曾開出一百萬美元的酬勞邀請其加盟，但是賈霸拒絕了這個優厚的條件，毅然決定參加NBA。

在一九六九年的NBA選秀大會上，鳳凰城太陽隊與密爾瓦基公鹿隊用猜硬幣的方式來爭奪賈霸。結果後者幸運地贏得了賈霸的加盟。賈霸在加盟公鹿隊的第二個球季（一九七〇～一九七一）就為公鹿隊拿下總冠軍，但一九七五年就被交易到湖人隊，直到一九八九年退休時，又幫湖人隊拿了五次總冠軍，其職業生涯長達二十年。

在大學期間，賈霸的左眼球曾在比賽中被碰傷，之後，他幾乎都戴著防護眼罩參加比賽，這也成了他的招牌，在湖人隊期間，為了提高自己的靈活性，他從一九七六年開始練習瑜伽。

除了防護眼罩，賈霸最出名的就是他那被稱為「天鉤」（Sky-hook）的鉤射投籃，右手持球鉤射時，左手可以將對手頂開一段距離，其他球員幾乎很難防守。

賈霸也十分注重健康科學的養生之道，因此他能在NBA整整打了二十個賽季，少有傷病。此外，賈霸也是功夫片巨星李小龍的徒弟，曾經跟隨李小龍學習截拳道，並在李小龍的遺作《死亡遊戲》中，客串演出，在片中的「死亡塔」上與李小龍有精彩的對打戲。

值得一提的是，賈霸也是個文武全才的球員，出版過多本書，他於二〇〇四年出版的*Brothers In Arms: The Epic Story of the 761St Tank Battalion, WWII's Forgotten Heroes*（直譯《同袍手足》），是一部講述二戰時期761坦克營的英雄故事，一度登上暢銷書排行榜。

名校球員☆他們是高材生，也是NBA球員

林書豪說，他當年選擇讀哈佛大學，是不得已的，因為他最喜歡的加州大學洛杉磯分校（UCLA）和史丹佛大學都不肯給他運動獎學金，他沒得選擇，只好進常春藤盟校。看來他大概是全世界唯一一個帶著「吊車尾」心態進哈佛大學的，前不見古人，後，大概也不可能有來者，念天地之悠悠，難怪他在夜深人靜時，獨愴然而淚下。看在也是哈佛校友的馬英九總統、呂秀蓮前副總統……眼裡，一定很不是滋味。

多年之後，我不知道此刻他心中怎麼想，但我可以確定的是，如果不是因為他頂著哈佛大學的光環，他很可能只是另一個打得很好的亞裔球員，當然還是會有人看重他，但不會成為林來「瘋」。我很難想像，如果姚明當年是頂著北

京大學或清華大學畢業生的頭銜進NBA的話，那會是什麼光景？怕不要把地球都「瘋」翻了。

也因為哈佛大學的學術訓練，讓他在待人接物上，比一般球員更多了一點謙遜、容忍，和禮貌，照中國人的說法，就是「溫良恭儉讓」！

今年二月，ESPN手機版網站以「Chink In The Armor」（盔甲上的裂縫，美國俚語引申為弱點）為標題報導林書豪比賽的新聞，雖然chink可以指「縫隙」，但如果用來指華人便意指「中國佬」，是個帶有侮辱意味的字眼，有點像Chinaman，或用來指黑人的negro或nigger，因此，文章一出，讓許多媒體及民眾（特別是華人）都痛斥種族歧視。

雖然下標題的編輯一直解釋，他想到此一標題時，純粹是當俚語來用，絕沒有想到要汙辱林書豪或華人，但面對輿論壓力，ESPN仍然連發二封道歉聲明，並且開除需為此負責的一名編輯，但三月底，林書豪特別邀約了這名被辭退的編輯，請他吃了頓豐盛的晚餐，表示他並未介懷，且早已原諒。

這是一種氣度，很不容易，大概只有經過嚴格宗教式道德教育或學院訓練的人，才能夠擁有的。

依據我手頭的資料，在林書豪進入聯盟（二〇一〇年）之前，還出現三個有哈佛背景的球員，第一個是格雷（Wyndol Gray），他是於一九四五～一九四六年，大四那年在哈佛打球，其後於一九四六～一九四七年球季，被選入還屬BAA時代的波士頓塞爾蒂克隊，進入職業籃球生涯，這一年他為球隊打了五十五場球，平均六點四分，球季後被塞爾蒂克交易到聖路易轟炸機隊，不久又被交易到普羅維登斯壓路機隊，這兩隊總共只待了一個球季，打了十二場球。

第二個是馬里雅斯琴（Saul Mariaschin），他於一九四七～一九四八年球季，也是BAA時代，與格雷一樣，效力於波士頓塞爾蒂克隊，打了四十三場球，平均七點七分。

第三位則是史密斯，一九五三～一九五四年為已從BAA跨進NBA時代的紐約尼克隊打了十一場比賽，平均二點五分。

都說林書豪的出現，距上一個哈佛畢業的球員史密斯，已有五十六年，超過半世紀之久，但事實上，哈佛畢業的好手被選進ＮＢＡ的例子，從未間斷過，只是命運比林書豪還不濟，他們都沒能真正在ＮＢＡ的球場上現身。

我們先來數數這些哈佛人：

布朗（James Brown），一九七三年在第四輪被選入亞特蘭大鷹隊。

卡拉比諾（Joe Carrabino），一九八五年在第六輪被丹佛金塊隊相中。

費瑞（Bob Ferry），也是在一九八五年，第七輪被亞特蘭大鷹隊選去。

韋伯斯特（Keith Webster），則是在一九八七年，第七輪被猶他爵士隊挑走。

上面四人全都沒能成為球季開始後的正選球員，最接近的一個則是韋伯斯特，他打的是控球後衛，當時在隊上排在史塔克頓和格林（Rickey Green）之後，當第三替補，但在球季開始前，他成了球隊最後裁掉的三人之一。

一九八八年，ＮＢＡ將選秀的輪次減少到三輪，一九八九年再減少到二輪之後，再也沒有哈佛畢業生入選過，包括林書豪。好險林書豪沒有放棄去發展聯盟鍛鍊的念頭，否則我們今天就沒有「林來瘋」了。

言歸正傳。

如果我們把焦點放大到常春藤聯盟的話，可以舉出的「又會讀書又會打球」的球員還不少，如耶魯大學的杜德利（Chris Dudley），一九八七年被克里夫蘭騎士隊挑走，其後轉過很多球隊，包括林書豪的紐約尼克隊，他在波特蘭拓荒者隊打完二〇〇二～二〇〇三年球季後退休，這個耶魯高材生，在NBA裡曾留下了一個紀錄：連續十三次罰球沒進（不過，後來被另一個球員以連續十八次罰球沒進給打破），不過，自球場退休後，他憑藉學院訓練出來的智慧與演說能力，在二〇一〇年當選奧瑞崗州長（即波特蘭所在的州分）。

最近的另一個常春藤盟校球員是賓夕法尼亞大學的艾倫（Jerome Allen），他於一九九五年NBA選秀第二輪被明尼蘇達灰狼隊選中，後來轉了兩支隊——印地安那溜馬和丹佛金塊，於一九九七年就赴歐洲打球去了，二〇〇九年回到他母校擔任教練。

艾倫的校友馬隆尼（Matt Maloney），其際遇和林書豪有點相似，自賓夕法尼亞大學畢業後，他並未被選秀會挑中，轉到次一級的大陸聯盟（CBA）去打球，一九九六年被休斯頓火箭隊選中才開始NBA生涯。

更早的還有麥克米連（Jim McMillian），畢業自哥倫比亞大學，一九七〇年被洛杉磯湖人隊挑中，一九七二年，湖人隊贏得總冠軍。

與麥克米連同一年進入NBA，但是被波特蘭拓荒者隊選走的佩特里（Geoff Petrie）則是畢業自普林斯頓大學，在聯盟中只待了六年，即因膝傷而不得不退出NBA。雖然沒有總冠軍戒指，但六年的生涯中，佩特里的戰績還算顯赫，不但新秀年（一九七〇～一九七一）入選新秀第一隊及新秀明星隊，還曾兩度入選全明星賽，生涯平均得到二十一點八分。很厲害！

接下來這一個，來頭更大，請坐好。

與佩特里都是出身常春藤的普林斯頓大學，他叫布萊德利，如果你雇狗（google）找他，會發現他還有另一個身分：美國政治家。

布萊德利在普林斯頓大學打校隊時，平均每場拿到三十點二分，這個分數在大學生來講，不是厲害，是很「恐怖」，他還率隊打入NCAA甜蜜十六強。一九六四年布萊德利代表美國國家籃球隊參加了東京奧運會，並奪得籃球金牌。在一九六五年NBA選秀中，布萊德利很沒有意外的，被紐約尼克隊（又是尼克隊）使用優先權挑走。

但是，布萊德利可不是只會打球的球棍，在被NBA選中後，他因為獲得羅德獎學金而先赴牛津大學進修，並拿到碩士學位，其間他還參加義大利的一支職業隊奧林匹亞米蘭隊（Olimpia Milano，林書豪的教練丹東尼曾於一九九〇～一九九四年間在這支球隊執教），幫該隊拿到歐洲錦標賽冠軍，一年後才返回紐約尼克隊，開始NBA的職業生涯。

布萊德利趕上了尼克隊最輝煌的時間，一九七〇年與一九七三年，贏得兩次總冠軍，布萊德利也被選入NBA全明星。一九七八年，布萊德利退役後決定從政，代表美國民主黨贏得了紐澤西州的聯邦參議員席位，並連任至一九九七年。二〇〇〇年，布萊德利參加總統大選民主黨黨內初選，惜敗於當時的副總統高爾（Al Gore），未能出線挑戰小布希（George Bush）。

以上都是與林書豪同一等級的常春藤盟校球員。

一手打球，一手彈琴

除了會讀書的球員，NBA的球員中，能文能武的好手也大有人在，記得有一次，應邀參加NBA亞洲總部在台北的一個午宴，席間我們聊到NBA球員的第二專長，一個紐約總部來的管理層職員提到，一九九三～一九九五年連著兩個球季為火箭隊拿下兩屆總冠軍的「非洲天王」歐拉朱萬，不但運動細胞發達，能打籃球，足球技法也不錯（他在聯盟難以破解的「迷蹤步法」，就是從足球腳法上得來的靈感），語言細胞也很發達——他能說九種不同的語言。

現在鳳凰城太陽隊的希爾，他本身的鋼琴彈得相當好，他曾在一次電視訪談中坦言，如果不打球，他很想去一支交響樂團，擔任樂團的鋼琴部分。

談到音樂，NBA球星中喜歡的人不少（喜歡與擅長，可能還是有些距離，所以我用得很小心），如退休不久的俠客歐尼爾和現在湖人隊，原名阿泰斯特，現改了一個很奇怪的名字：慈悲世界和平（Metta World Peace），他們都有自己的唱片公司，十多年前，歐尼爾更曾帶著他的饒舌樂團到台灣，做了一場演出，並在桃園巨蛋與當年的中華職籃做友誼賽。

慈悲世界和平這個人更牛，他曾為了要灌錄唱片，缺席球隊的比賽，沒有領到出賽薪水也在所不惜，弄得球隊管理層一肚子火。

不過，聖安東尼馬刺隊退休，曾拿過兩枚冠軍戒指的海軍上將（因為是海軍官校畢業，球評這樣給他取了個暱稱）羅賓遜對音樂，可能已超越了「喜歡」。據說在官校時代就會作詞譜曲，有一次比賽中，他老兄在球場上像個遊魂，亂打一通，下了場被教練責罵，他的解釋竟是，因為前一晚寫了首曲子，只寫了一半，結果整場比賽，他腦袋都迴響著那首曲子的旋律，一直想著如何完成下半部。

除了寫曲，羅賓遜也能玩好幾種樂器，小時候他還是數學天才。

曾是丹佛金塊隊陣中明星球員，一九八三年位列聯盟得分榜第一的英格利許（Alex English），曾出過三本詩集，其中一九八六年出版的*If I Show You My Tenderness*（直譯：《如果給你我的溫柔》），現在亞馬遜（Amazon）網路書店還可以買到。

另外，得談一談賈霸，由於此人的中文譯音與台語「吃飽」諧音，同時，功夫電影迷在李小龍的遺作《死亡遊戲》中也看過他的演出，台灣球迷算是對他比較熟悉。賈霸是一九六九年的選秀狀元，被密爾瓦基公鹿隊選去，第二年就替公鹿隊拿下總冠軍，之後被交易至湖人隊，又拿下五次總冠軍，與英格利許一樣，賈霸也是文武全才。

賈霸寫過八本書，第一本是一九八三年和諾布勒（Peter Knobler）合著的自傳*Giant Steps*（直譯：《巨人的步伐》），在他一九八九年退休後，更成了專業作家，其中一本寫二戰英雄的作品，還一度成為暢銷書。

林書豪失馬，焉知非福

林書豪中學畢業時，最想升讀的本是離他中學母校只有一街之隔的史丹佛大學，該校在學術水準方面，並不輸給哈佛大學，而第二志願則是同在加州的加州大學洛杉磯分校（UCLA），離他家，再怎麼著，也比東岸的哈佛大學近多了，這兩所大學都有提供籃球獎學金，但最後因了種種理由（可能有種族偏見帶來對他球技不信任的因素）而拒絕提供獎學金給林書豪，才「逼」得林書豪沒太多選擇，只能到哈佛大學去。如果成功進入史丹佛，那就是離家近，他可以專心打球讀書。如果進入UCLA，離家也不能算遠，他也可以專心讀書打球。

不過，在他打出名氣後，我突然有種浮想：他當年若如願進了這兩所學校之一（尤其是UCLA），還會有今天的成就嗎？

這兩所學校在NCAA，都屬太平洋十二校聯盟，這聯盟中，猛校強將如雲，奧瑞崗大學、猶他大學、亞利桑那大學都不是好惹的，林書豪在史丹佛，肯定不容易為學校打出好成績，更別說會有人注意他；如果去UCLA，這培養過「天鉤」賈霸和「大嘴」射手米勒的學校，你早早就被壓在強將底下，出不了頭，哪會有你在常春藤聯盟中，恣意殺進殺出那麼痛快！

他在哈佛大學的絕好成績，多少也成為他在選秀時能夠讓球探多看兩眼的履歷表，才有小牛隊的小尼爾森在選秀後打電話邀他加入發展聯盟的機遇，進而被金州勇士隊簽下兩年約……進而能夠從勇士輾轉經休士頓到紐約而成為今天的「林來瘋」，如果他在史丹佛在UCLA，不是自己的成績打不出來，就是學校成績打不出來，哪有履歷讓球探多看一眼！

所以，時也運也命也！相信今天的林書豪再回想過往的那段經歷，更能悟出中國這句諺語——「塞翁失馬，焉知非福」的真義！

發展聯盟☆進NBA的另一條大路

林書豪在二〇一〇年選秀落空後，被達拉斯小牛隊的籃球事務總裁小尼爾森，邀他去發展聯盟磨一陣子，才有林書豪故鄉的球隊金州勇士隊看上他並簽了兩年約，但在勇士隊期間和初到尼克隊時，林書豪都被下放到發展聯盟磨練過，一方面自己在發展聯盟表現優異，另一方面球隊急需要人，才又被召回隊上。

但林書豪本人似乎不太喜歡發展聯盟的經驗，他在二〇一二年的全明星賽周末接受訪問時曾說：「我進入NBA以來，總共被下放至發展聯盟四次，每次被下放都是籃球生涯的低潮，我只能告訴自己，來這裡是為了讓自己做好在NBA打球的準備，才能擺脫這種低潮情緒。」

另外，他還提到：「在發展聯盟打球大家只在乎個人攻守數據，希望藉漂亮的數據受到NBA球隊青睞，因而就不太重視球隊的勝敗，這並非籃球的精神，籃球是團隊運動，而非個人秀。」

林書豪的陳義不低，但因著他的成功，NBA總裁史登（David Stern）在另外一個記者會上，卻認為NBA發展聯盟的機制，是林書豪能成功的原因之一。

由於林書豪曾經在NBA發展聯盟磨練過，連帶使得二〇一二年明星周末的發展聯盟明星賽也吸引史上最多NBA球探觀看，希望挖掘另一個林書豪，在史登眼中，「證明發展聯盟的機制是成功的。」

NBA副總裁席爾佛（Adam Silver）甚至說：「林書豪因為在發展聯盟有上場時間磨練球技，增加比賽經驗，才能站穩在NBA的腳步，如果沒有發展聯盟，林書豪現在或許在歐洲或中國打球，而非NBA。」

究竟發展聯盟是啥東東？

國家籃球協會發展聯盟是ＮＢＡ官方支持籃球發展之組織。聯盟在二〇〇一年秋季開始時一共有八支隊伍。直至二〇〇五年夏，它被稱為國家籃球發展聯盟（National Basketball Development League，簡稱NBDL）；後又改名為國家籃球協會發展聯盟（NBA Development League，簡稱D-League）。

聯盟先以以NBDL的名義於二〇〇一年二月賽季展開；原始的八支球隊全部位於美國東南部地區。二〇〇五年夏季，部分隊伍被私人擁有者購入，從而意圖吸引更多的球隊和球迷支持，同時NBDL改名為NBA Development League，即D-League。

因此，部分球隊開始向西部遷移或於當地被組建。

二〇〇六年發展聯盟以加強西向發展為方針，四月六日聯盟宣布四支原屬大陸籃球協會（Continental Basketball Association，簡稱CBA）的球隊加盟，同年四月十九日，聯盟宣布洛杉磯湖人將購買一支球隊，使得湖人成為第一支擁有D-League隊伍的ＮＢＡ球隊，二〇〇七年八月賽季，D-League隊伍擴展至十四隊，ＮＢＡ球隊與D-League隊伍的隸屬關係重新編制，而聖安東尼馬刺隊也成為繼洛杉磯湖人隊後第二支單獨擁有D-League隊伍的NBA球隊。

由於與NBA的特殊關係，部分從前在NBA選秀中被選出和被NBA解約的球員都參加過這個聯盟的比賽。NBA球隊也開始簽一些在D-League中成功的球員（林書豪就是在發展聯盟中的優秀表現，而受到金州勇士隊注意，並與他簽下兩年約）。

二〇〇五～二〇〇六年賽季增加召回和下放的規定：每隊NBA球隊整季保持十五名球員名額，包括三名不活躍名額。被下放的NBA合約球員需要不多於二年的NBA經驗，所以，林書豪因為與金州勇士隊的兩年合約，因此，這兩年內，不管他被轉至哪支球隊（火箭隊也好尼克隊也罷），在球隊的戰力考量下，隨時被下放至發展聯盟磨練，都是很正常的。

無論此球員一直在D-League打球期間被召回或下放，其名字須放在三名不活躍名額中，直至NBA主隊的教頭在NBA賽前決定是否將其換入十二名出場名額，這才使得林書豪在發展聯盟時，尼克隊教頭丹東尼因為控球後衛傷的傷，殘的殘，才又召回林書豪。

除了林書豪在發展聯盟打響名號外，有不少ＮＢＡ球員也曾在發展聯盟待過，例如現在效力於湖人隊的麥克羅伯茲（Josh McRoberts），四年前在拓荒者隊時，就曾被下放到發展聯盟；另外，曾在火箭隊當過姚明隊友的歐斯通（Rafer Alston）也是在發展聯盟得到磨練身手的機會。

也有被ＮＢＡ解約的球員，想重回ＮＢＡ的話，就會選擇從發展聯盟出發，例如：渥克（Antoine Walker），一九九六年被波士頓塞爾蒂克隊以第一輪第六順位挑走後，成為隊上主力，三度入選全明星隊，後輾轉到幾支球隊，二〇〇六年在邁阿密熱火隊時，與俠客歐尼爾、韋德等人一起拿下總冠軍，但後來的發展很不順，二〇〇八年離開了聯盟後，一度到波多黎各發展，也是不太順，二〇一二年四月回到美國，想再回ＮＢＡ，遂於該年底簽約進入發展聯盟的愛達荷奔騰隊（Idaho Stampede）打球，等待機會，期望有一天再被聯盟球隊召回。

其他東方球員也不少，例如：曾在馬刺隊拿到一枚冠軍戒的中國球員巴特爾、打過太陽隊，來自日本的田臥勇太和南韓的河昇鎮（曾效力過波特蘭拓荒者和密爾瓦基公鹿隊）都曾是發展聯盟的尖兵。台灣的陳信安也曾於二〇〇二年在莫比爾狂歡者隊（Mobile Revelers，現已解散）見習練球三周。

薪水方面，與NBA當然沒得比，如果是發展聯盟的正式球員，其年薪大約在二萬五千到三萬美元之間，但若是由NBA球隊下放磨練者，則仍然領母隊的薪水。

發展聯盟現有球隊（以二〇一一～二〇一二年球季為準）——斜線（／）後為NBA合作或所屬球隊

■東區

1. 坎頓強攻（Canton Charge）／克里夫蘭騎士
2. 達科達巫師（Dakota Wizards）／金州勇士
3. 韋恩堡瘋蟻（Fort Wayne Mad Ants）／底特律活塞、印地安那溜馬、密爾瓦基公鹿

4.愛荷華能量（Iowa Energy）／芝加哥公牛、紐奧良黃蜂、華盛頓巫師

5.伊利海鷹（Erie BayHawks）／紐約尼克

6.蘇克斯瀑布天空力量（Sioux Falls Skyforce）／邁阿密熱火、明尼蘇達灰狼、奧蘭多魔術

7.春田盔甲人（Springfield Armor）／紐澤西籃網

8.緬因龍蝦（Maine Red Claws）／波士頓塞爾蒂克、夏洛特山貓、費城七六人

■西區

1.洛杉磯防禦者（LA D-Fenders）／洛杉磯湖人（第一支單一擁有發展聯盟的球隊）

2.德州傳奇（Texas Legends）／達拉斯小牛

3.愛達荷奔騰（Idaho Stampede）／丹佛金塊、波特蘭拓荒者、猶他爵士

4.奧斯丁公牛（Austin Toros）／聖安東尼馬刺（第二支單一擁有發展聯盟的球隊）

5.圖爾薩六六人（Tulsa 66ers）／奧克拉荷馬雷霆（第三支單一擁有發展聯盟的球隊）

6.里歐格蘭山谷毒蛇（Rio Grande Valley Vipers）／休斯頓火箭（第四支單一擁有發展聯盟的球隊）

7.雷諾大角羊（Reno Bighorns）／亞特蘭大老鷹、沙加緬度國王、曼菲斯灰熊

8.貝克斯菲爾德果醬（Bakersfield Jam）／洛杉磯快艇、多倫多暴龍、鳳凰城太陽

華人在NBA

華人第一個選秀進聯盟的是宋濤。第一個出現在賽場上的是王治郅。第一個拿到冠軍戒的是巴特爾。

第一個打NBA的華人是中國大陸的中鋒王治郅，他於一九九九年被達拉斯小牛隊選中，二〇〇一年四月正式代表小牛隊在NBA出賽。

第二個是二〇〇一年底簽約進丹佛金塊隊的巴特爾。他於二〇〇三年效力於聖安東尼馬刺隊時，跟著海軍上將羅賓遜和石佛鄧肯吃香喝辣，也分享了一枚冠軍戒指。

第三個就是姚明，二〇〇二年的選秀狀元，他也是第一個出身亞洲的狀元。休士頓火箭隊選了他。

第四個是易建聯，二〇〇七年被密爾瓦基公鹿隊選去，現在王治郅的「NBA原鄉」達拉斯小牛隊任跑龍套的大前鋒。

第五個是孫悅，二〇〇八年進洛杉磯湖人隊，雖然也是跑龍套的控球後衛，但和巴特爾一樣幸運，也跟著小飛俠布萊恩，雨露均霑地拿下一枚冠軍戒指。

第六個就是林書豪。

以上是曾在NBA賽場上出賽的，如果把與NBA簽了約的（基本上已是正選球員）算進去，那麼王治郅就不是第一個進聯盟的華人了，是宋濤，他是一九八六年被亞特蘭大老鷹隊選進隊中，但在季前訓練時，膝蓋嚴重受傷而退出，後來到台灣，於一九九〇年代的中華職籃成為裕隆恐龍隊的當家中鋒。

文心雕籃

花了那麼多時間去成就一個「林來瘋」，我認為唯一的意義，就是可以不再看到這個沒有球探和球隊管理層想得那麼不堪的球員，老是被釘在板凳十字架上；或者讓這些有權決定球員未來的人，有機會扶一下戴歪了的眼鏡，重新調整自己的眼光。

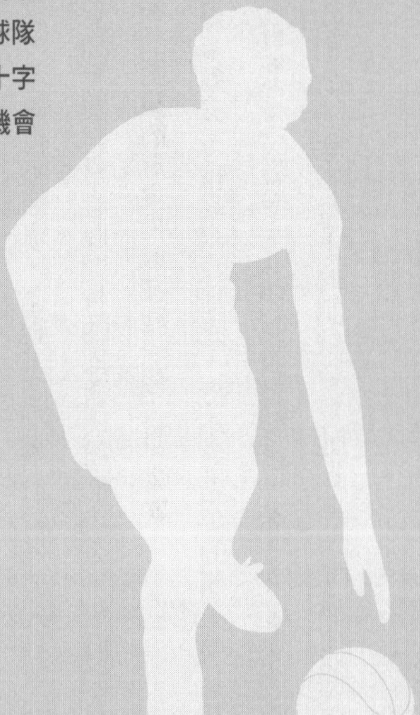

球場智慧☆蒲公英的願望

很多年前，當時還在底特律活塞隊，被視為NBA或活塞隊「救世主」的希爾到訪台灣，我曾代表《時報周刊》跟他做採訪，採訪完畢後，還跟他的父親卡爾文．希爾聊了一下，我知道希爾畢業自杜克大學法律系，但那次聊天，才發現卡爾文．希爾也不簡單，運動方面，不但曾是美式足球的最佳新秀，而學業方面，竟是畢業自常春藤盟校的耶魯大學歷史系，一時間我很難將文科和需要在大賽場上衝撞的形象投射在同一個人身上。

我還記得卡爾文．希爾跟我提到，從小對希爾的學業要求其實遠勝過運動，他說的一句話我至今難忘：「因為我總想著，希爾在運動方面不一定會有什麼成就，但我相信，他智慧上的訓練會幫他在其他領域上獲得成就，許多年之後，他會有一個絕對成功的人生。」

這讓我想起林書豪。

這位哈佛大學畢業的高材生，在NBA賽場上，特別是這個縮水的球季前，走得很不順遂，用「坎坷」來形容也不過分，從勇士隊被釋出後轉到火箭隊，本來想火箭隊可能是因姚明走了之後，為要延續他們對華人市場的吸引力而找來林書豪，沒想到弄了半天仍然做出釋出的決定，再被尼克找去，當然你也可以說，紐約的華人市場本來就不小，所以尼克才願意給林書豪機會，但球隊仍然要以戰績做第一考量，林書豪終究仍是控衛的第四選擇，排在先發的戴維斯、替補道格拉斯與畢比之後，轉換成場上的四十八分鐘來計算，大概只能在雙方勝敗已無懸念的第四節倒數兩分鐘不到的所謂「垃圾時間」，才有上場機會。

但，林書豪在「智慧」上所受的訓練，顯然幫他在心理的轉折上調適得很好——沒有怨懟，哪怕不到一分鐘，上了場，就是全部的心力，「去享受比賽的樂趣」。

是不是只有哈佛大學畢業的才能如此？我想不是，而是他在最高學術殿堂上習慣了的嚴謹思考，讓他在初離開校園，面對更為需要嚴謹思考的人生戰場上，便能夠從容應對。有很多人需要花較久的時間，才能進入那種境界。

在我眼中，林書豪就像開花後飄在空中的蒲公英，遠遠看去很美，但他需要找到一個土壤去孕育美麗的新生命……我相信，不論林書豪在哪支球隊，都會讓那支球隊變得很不一樣，如果他到達更好的土地，得到更多的上場時間，他可以證明他自己，並改變賽場的風貌，若是他不得不在另一個領域落地，也有足夠的智慧去成就那塊土地，還有他自己。

（二〇一二年一月三日《中國時報》）

個人風格☆好看的不是數字，是智慧的球風

如果是在一個月前，尼克對湖人這一戰，不會有任何懸念，小飛俠端著機槍一出，在加索掩護下恣意掃射，全場紐約客紛紛走避，尼克在自家敗得灰頭土臉……

可以想像尼克這一方，主將紛紛傷退，找不出任何人能夠有當年張飛為了阻絕曹操追兵，掩護劉備撤退，獨自站在當陽橋前大喊：「燕人張翼德在此，誰敢來決一死戰！」的豪情與氣魄，導演史派克李在場邊搖頭直嘆，盤算著深愛的球隊輸球後，要到哪間酒家去買醉……

但是，這一個現在看來虛設的情景，因「林書豪」鑽進了現實，而有了不同的結局。

由於林書豪此前連三場得分破二十的優異表現，在紐約的比賽，很快就被媒體渲染成「林書豪VS.布萊恩」的戲碼。

在賽場上，的確也是這樣，目前來看，尼克隊唯一能夠端得出來的好手，也只有一度被教練視為「廖化」的林書豪，但，在我眼裡，這兩人其實並不在同一個等級上的。

布萊恩是高中畢業後就進入全世界最高籃球殿堂的幸運兒，他剛出道時，我曾在南韓首爾與其他的媒體朋友跟他做採訪，那時他還很青澀，一見面就對記者的穿著品頭論足，儼然鄰家大男孩，讓人很有親切感，我還記得那時他曾私下提過，他很愛讀書，提早進NBA是不想放棄有球隊願意提早給他的機會，而他也表露，自球場退休後，第一件事，仍然是希望完成大學學業。

但隨著他與大鯊歐尼爾替湖人隊連拿數個總冠軍後，後來從新聞上看到的布萊恩，幾乎不像是運動員，而是——藝人！

與林書豪的哈佛大學學歷相比，這兩人當然不可能在同一個等級上。

是的，布萊恩是個優秀的「天才型」球員，而且以現在的成就來看，他可絕對是極其優異到近乎「偉大」，且必是名人堂前排隊的人選之一，他的跳投和很容易被人記起的數不清絕殺鏡頭，在在讓人難以質疑他主宰賽場的能力。

但從林書豪到目前為止一個手掌即可算出的先發場次來觀察，他打球的風格截然不同於布萊恩，林書豪是「智慧型」球員，幾次看電視重播他的得分方式，我發現他的速度其實不快，特別是切入人堆得分方面，他沒有韋德或卡特的霸氣，但就是能以簡單的左右手交換運球，泥鰍一般閃過敵人直闖籃下；他的傳球也談不上花俏，不像魔術強森，甚至連老將納許和奇德的傳球都比他好看得多，但林書豪只要在帶球中一個看似不帶技術含量的單調拋傳，球就能到有空檔的隊友手上，很有效，三歲娃兒都看得出來：他在送出球兒的那一瞬間，似乎都經過了十年的長考。

這其實是一種經過了閱讀和思考訓練出來的智慧，但不論用在哪一種運動賽場上，都能成為技巧、力量，成為奇蹟！

於是，底下那組怕已被各項賽事報導炒翻天的數字，就如同擺設在豪宅牆上一幅漂亮的油畫，好看，卻也顯得不太重要了——湖人八十五分，尼克九十二分，布萊恩三十四分，林書豪三十八分。

（二〇一二年二月十二日《中國時報》）

這就是戰場☆ 尊敬比賽，就是踢對手屁股

少年時讀《西遊記》，一度讓我疑惑，我曾這樣問老師：「唐僧有孫悟空，一個筋斗就是十萬八千里，他叫徒兒悟空直接上西天去取經就行了，幹嘛還走得那麼辛苦？一路上還要面對妖魔鬼怪！」

依稀記得老師的回答是：佛經，就是要一路修行一路歷經磨難取得，才能顯出它的珍貴，唐僧不願輕易取來，就是知道它的價值，而身體力行表現出對它的「尊敬」。

再回首也是近二十年前事了，當年如日中天的魔術強森被驗出身上帶有愛滋病毒之後，雖然即刻宣布退休，但那時一般人對愛滋病的認識不像今天那麼深，一九九二年巴塞隆納奧運結束後，魔術宣布重回ＮＢＡ賽場，一堆即將跟

他在球場上對決的球員開始自危，其中以猶他爵士隊的「郵差」馬龍的反應最強烈，他說：「如果我跟他在球場上對抗，我到底要不要守他呢？」言外之意是，如果湖人隊還讓魔術上陣，將會「勝之不武」，因為在場上，誰敢貼身防守魔術強森啊！

在一九九二～一九九三年球季的熱身賽中，一場湖人隊與活塞隊的比賽，我忘了比數，但我印象最深刻的是，當時還在活塞隊的「小蟲」羅德曼面對魔術，防守照樣兇狠，風格一樣粗暴，打完後，魔術強森在媒體面前向這位籃板王致敬：「謝謝他把我當一個正常人對待！」

而羅德曼在接受媒體詢問怕不怕被感染愛滋病時，倒是很樂天的說：「我才不管他得了什麼鳥病，他只要在球場上，我就要踢他屁股。」

羅德曼的性格當然說不出像樣的話，但這些鳥話中，卻充滿了對魔術身為一個對手的「尊敬」。

林書豪連「瘋」了好幾場之後，明星賽前面對東區的霸主（或世仇）熱火隊時，被好好「伺候」了一番，結果也被打了個滿頭包，投十一中一，衡量控衛最重要的指標——助攻，也只得三次，除了他的球迷（相信當中華人占不少）之外，不少北美（美國，和我所在的加拿大）傳媒都看熱鬧似地嘲弄他被打回了原形，例如溫哥華最大的英文報紙《溫哥華太陽報》（*Vancouver Sun*），就列出了運動史上十二個「虎頭蛇尾」的運動員，配圖配文（其中有六個冰球員，兩個棒球員，兩個短道速滑，兩個英式足球），然後信誓旦旦地下了結論：「有些專家對他的未來表示懷疑，很有道理。」

但在這些嘲弄中，熱火隊與林書豪都擁有亞裔血統（菲律賓裔）的教頭，史波斯卓的話最讓我心服：「我們的防守就是先搞定控衛，這不會因為林書豪而改變，那是我們對他尊敬的方式。」

林書豪要在這全世界籃球最高殿堂取得一席之位，當然不能「虎頭蛇尾」，他也不可能因打了幾場好球就變成打了幾百場好球，不可能因全球的熱捧而一夕變成喬丹，另一方面來說，他也不應該因一場的跌倒而賴在地上不起來……因此，在某種程度上，熱火隊讓他「回到地面」，正可以讓他好好思考，他未來面對的戰場是什麼樣子，特別是季後賽（如果尼克進季後賽，很有可能在第一輪就面對熱火）；現在對手開始「尊敬」他了，相信他也會「尊敬」他的西天取經路，前方的沙暴正朝他襲來，沙暴裡面有什麼妖魔鬼怪，我們都不知道。

但林書豪無法逃避，只能奮力衝進去！

（二〇一二年二月二十九日《中國時報》）

失誤學分☆　瘋起來，墓仔埔也敢去！

我不知道這時候談林書豪的失誤問題，會不會「政治不正確」？但林書豪向來被詬病的失誤，卻也是他的罩門。所以，我就從三月七日（北美時間）對馬刺一場的一個鏡頭簡單聊一下。

在第三節倒數兩分多鐘時，林書豪持球在籃框右側，然後從右路向籃下挺進，馬刺兩個球員已在籃下等候，林書豪帶進籃下時，球就這麼掉了，掉在馬刺隊手上，那一球我從電視畫面上看到的是，林書豪似乎想切，又像是想吸引對手包夾後，再將球傳到左側，但不知是否攝影機的角度，我根本沒看到左側有其他尼克球員接應，而感覺上，林書豪在運球切入時，球兒砸到了馬刺兩個球員中的一個身體（腰部？）或者被輕輕一撩撥，球掉了，另一個馬刺球員撿到了。

這時電視評論員一個簡單的「turnover」，林書豪就將球權送給了馬刺。這是林書豪全場唯一的一次失誤，卻暴露出一個問題，林書豪真是「林來瘋」，瘋起來「墓仔埔也敢去」，人家兩個人在籃下伺候，林書豪可以選擇外線跳投來結束一次進攻（先不管進不進，那是命中率的問題），他就偏不，偏偏要往人堆裡去，夜路走多了不怕遇到鬼嗎？

控衛闖進人堆中取分或傳球不是不可以，如果運用得宜，可以讓對手陣腳大亂，進而防線被撕裂，以前巴克利在太陽時代的控衛凱文強森（Kevin Johnson，現在是美國加州州政府所在地——沙加緬度市的市長）就常這樣做，讓對手很頭疼。

但，運球進人堆時，往往也會面臨一個問題：大家不是杵在禁區不動，像少林木人巷，等著你來練習帶球過人。於是，一堆高個兒在空間狹小的禁區內竄來竄去，球兒就拿不準什麼時候會碰到對手的身體或給誰的手輕輕一碰，就給碰掉。這還是最好的情況，最壞的情況是，球掉了，還跟對手發生碰撞，造成受傷，那就真的是「賠了夫人又折兵」。

可能在很多人眼中，對馬刺這場，失誤「才」一次，應該可以被忽視，但我不這麼認為，這球的處理，凸顯出林書豪在處理切入的時機選擇上，仍不夠明智，他能砍三分，為何不能在禁區外來決勝負，非要往人多的地方去擠？當我看到林書豪失誤掉的這球，也不禁搖頭，真的是可以避免的。

之前我還曾看過林書豪在快攻時，自己將球運出界的情況，身為一個持球平均時間最長的控球後衛，看來，林書豪的問題，可能還是在運球的基本功，以及切入時機的選擇。

不過，他夠聰明，我相信他知道怎麼去改善。

（二〇一二年三月八日「今日新聞網」）

接受失敗☆ 山上沒有龍，林書豪只是林書豪

讀過一篇日本短篇小說，印象中作者好像是芥川龍之介，小說名也不記得了，好像是叫《屠龍手》，講一個年輕人聽說山上有一隻惡龍，於是花了十年時間練得屠龍術，學成之後，帶著屠龍刀上山去找龍，結果，花了數年時間，啥都沒找到，原來山上根本沒有什麼龍。

一個多月來，林書豪從「守冰桶員」（板凳最邊邊，有一個裝有飲料的冰桶，隨時給球員補充水分的），一下子竄升到球隊先發，然後掀起所謂的「林來瘋」。從北美燒到亞洲，再延燒到全球，一個月間，林書豪（或Jeremy Lin）這個名字儼然成了「NBA」的同義詞。

最近尼克隊在林書豪的主導下，遭遇了幾場挫敗，包括最新輸給馬刺隊的這

場，應是三連敗了，這又掀起了幾種不同的反應，有人捶心肝，如喪考妣，順便罵一下安東尼或史陶德邁爾，為什麼不在關鍵時候跳出來幫林書豪一把；有人竊喜，心想：「這下打回原形了吧！」

不論是哪一種反應，我的感覺很簡單：世上根本沒有龍，花了那麼多時間去成就一個「林來瘋」，我認為，唯一的意義，就是可以不再看到這個沒有球探和球隊管理層想得那麼不堪的球員，老是被釘在板凳十字架上，或者讓這些有權決定球員未來的人，有機會扶一下戴歪了的眼鏡，重新調整自己的眼光。

而回到現實的賽場上，球隊輸贏本就很平常，即使喬丹在公牛隊全盛時間的一九九五～一九九六年球季，創下例行賽七十二勝十敗的史上最佳成績，但別忘了還有十敗掛在那邊，如果真那麼在乎每一場的輸贏，愛死喬丹的人光是看著那個「十」，就會得憂鬱症，但真的想問一句：有必要嗎？

林書豪帶給人們的，很多，包括永不放棄的精神，強化自己靜待每個機會的態度，甚至其熱忱而虔敬的宗教信仰，過程中，他創造了很多無形價值，就已足夠，那比一分一分堆砌出來的ＮＢＡ紀錄還要珍貴。就像故事中的屠龍手，花了十年練得屠龍術，那過程帶給他的，武術（屠龍功夫）也好，信念（對殺龍的堅決）也罷，相信比山上有沒有龍的「結果」，還要可貴。

所以，請以平常心看待林書豪——這個人與他的工作，管他連勝還是連敗！

（二〇一二年三月十一日《中國時報》）

觀想敵我☆一起來上禪師的課

在尼克隊原教頭丹東尼辭職後，知名「禪師教頭」菲爾・傑克遜一度傳聞會接任總教頭，他在一九九〇年代任公牛隊總教頭時，曾出版過一本*Sacred Hoop*（台灣譯為《公牛王朝傳奇》），書中提到印地安的蘇族，這個民族相信，萬物皆神聖，連敵人也不例外。

不過，我最感興趣的是，傑克遜講的有關蘇族的古老傳統。他說，蘇族的戰士有時（或常常）會忍受難以言喻的艱辛，橫越大半個蒙大拿州，潛入敵營，竟只為偷走一匹小馬。令人驚訝的是，傑克遜提到，小馬對蘇族人其實並不那麼重要，而整個「偷掠」的過程中，可能會有傷亡，甚至還未到達敵營時，就已有人不堪疲累而死，可是，他們依然會延續這樣的「遊戲」，因為蘇族戰士們享受著以團體之力把很難帶走的東西弄走。

傑克遜精研禪宗。禪宗，是佛教的一支，以六祖慧能傳下的南宗為主體，其教旨以直指人心，見性成佛，所以其號為頓門，又名心宗。由於佛教傳來中國時，即與道教老莊哲學結合，禪宗自不例外，他們（禪宗與老莊）在精神上都有共通的地方，都強調「無」的功效，禪宗從「無」中頓悟成佛（有），道家哲學也強調「無用之用，是為大用」、「無欲則剛」……

林書豪在紐約一舉成名之後，我相信，他心中感受到的壓力會越來越大，最近在五連勝之後敗給多倫多暴龍隊，隔一天，又殺到汽車城底特律，以一〇一比七十九拔掉活塞，初步站穩季後賽的位置，但為了能保證至少晉第二輪，現在的尼克隊高層想的不僅僅是晉級季後賽而已，不免也還要想著如何能將種子序再往上提升，越高越好，不過，做為有著「場上指揮官」名號的控球後衛，林書豪能不能在往後的每場比賽中正常發揮，讓球隊多贏幾場球，他的壓力有決定性的影響。

我不知林書豪信仰的基督教義中，有沒有教人以平常心看待世事的部分，但他現在該具備的，正應是禪宗處理「無」與「有」的觀想過程，將壓力消弭於無形。

想想，他剛到尼克隊時，已經是林書豪了，那時球隊戰績不佳，後來他爆發了，還是那個林書豪，除了上場時間外，沒有改變多少，雖然他願意把球隊成敗一肩扛，很好，但他應該在夜深人靜時再想想：他為什麼不去華爾街，當個輕鬆的上班族，錢賺得也不會少到哪裡去，不就是因為，他喜歡打球，愛打球，人家也願意付薪水讓他打球嗎？這中間起作用的，（對林書豪來講）不是有多少錢，而是——有多少快樂。

他應該享受這樣的過程：在自家主場，踢來訪敵人的屁股，或者到別人家裡，橫衝直撞，大勝一番，揚長而去！

據說林書豪現在租住的大樓，很適合夜觀天象，或許他會在一個不眠的夜晚，靜靜瞑目沈思……

從前方奔騰過來一個遙遠的年代，一大群蘇族人嬉嬉鬧鬧地衝進敵人寂靜的農莊、一隻小馬嘶鳴著被擄走、月光下揚起的則是漫天煙塵與逐漸淡去的狂笑……

（二〇一二年三月二十七日《中國時報》）

沉潛休養☆看不到林書豪，就讀他吧

林書豪可能本季接下來的比賽都上不了場。若尼克能進入季後賽，甚至殺進第二輪，還有機會看他在場上繼續馳騁……他在三月二十四日主場對戰底特律活塞隊時，一度因為左膝不適，下場檢查。後經醫師多次診治檢查確定，林書豪必須進行半月板軟骨修復手術，預計將休息六周。

六個星期，算算時間，哇！差不多要到五月中旬，那是季後賽第一輪正在熱戰當頭，如果尼克隊能進入到第二輪，或者與對手廝殺到第七戰，是還有可能見到林書豪。這是最好的情況。

到四月底球季結束，尼克隊還有十三場賽事，其中與強隊對戰大約有四到五場（公牛、熱火、塞爾蒂克等），不出意外的話，尼克可以東區老八或老七的身分進季後賽，第一輪對手可能是熱火，也可能是公牛，不論是哪隊，都不好打，尼克隊極有可能第一輪就出局，但做為林書豪的支持者，私心仍希望尼克至少能打七場，或者林書豪在第七場能上陣亦未可知。

從二月初對籃網一役替補出場一戰成名以來，追林書豪也有近兩個月了吧，回顧這段時間的心理轉折，挺有意思。因為，我從來不是尼克隊的擁躉。

大概是上世紀九〇年代，派特瑞里（Pat Riley）做為尼克總教頭，憑藉著尤英、梅森（Anthony Mason）等幾個肌肉棒子組成的鐵血部隊，以暴力和侵略的方式將比賽徹底「封鎖」，那個年代，遇到尼克，（兩隊）得分都很難破百，必須靠流血才能保住江山，球評家稱之為籃球的「暴力美學」，但球風難看，對想看行雲流水打法或飆分秀的球迷而言，即使（可能因紐約的地緣關係）支持尼克，也未必能欣賞尼克的球風。

我就搞不懂，瑞里這位在我心目中有如〇〇七、懂得以機智破獲敵營的教頭，當年在湖人，也有肌肉棒子型球員像渥錫（James Worthy）和藍領工人藍比斯（Kurt Rambis），為什麼就能創造秀場時間（Show Time），在尼克就不行？

在林書豪被發現之前的尼克，有史陶德邁爾，另一款的肌肉棒子「甜瓜」安東尼，至少看起來也是，再來一個錢德勒，我實在不敢期望他們的球風會賞心悅目到何種程度，算是偏見吧，反正我不可能喜歡，也不會支持。

另一個我無法支持尼克的原因是，加拿大多倫多有了支暴龍隊，那是加拿大如今唯一的一支NBA球隊，住在溫哥華的我心理上當然支持暴龍，怎麼可能去支持美國本土的球隊。

但現在有了橫空出世的林書豪，一切都有了變化，愛屋及烏，我現在開始學著喜歡給了林書豪機會出頭的尼克隊了，希望他們能在林書豪如化學藥劑般的催化下，一路長紅走到總冠軍，正因如此，林書豪的傷退，我是萬分贊同，人要爭千秋，不去爭一時，留得青山在，不怕沒柴燒嘛！

讓林書豪休息休息也好，不必逞這個球季之快，反正再怎麼樣，今年你仍難攖熱火或公牛的鋒頭，不如等下個球季，林書豪健健康康的，去打整個球季吧！我們滿心期待下個屬於尼克、屬於林書豪、屬於林書豪球迷、屬於華人的球季！

有一大段時間看不到球場上的他，沒關係，我們不妨改用閱讀的方式，重新溫習一下他的旋風和魅力，下個球季，我們都成為真正懂林書豪的球迷！

（二〇一二年四月五日《中國時報》）

榮耀時刻☆嚮往一個時代

「如果有一架時光機，你可以選擇回去一個你喜歡的朝代，你想回去哪個朝代？」

學歷史的朋友跟我聊天時，突然這樣問我。

我想了想說，有很多朝代，各有各的特色，例如春秋戰國，雖然連年征戰，但在哲學思想上宛如處女地，各種不同的哲學思維如百花齊放、百家爭鳴，令人目不暇給，我喜歡；漢朝是中國歷史上第一個具有真正意義的強大王朝，不錯；三國時代，英雄的時代，誰不嚮往；唐朝，詩的天下，我愛死它；了解宋朝的，其實知道它才是歷史上最富裕的朝代，誰會討厭；清朝，最適合產生憤青的朝代，大概計程車司機最想到那個朝代吧，不過，罵罵就好，真要搞革命，就要有當先烈的勇氣才行……

不過，我總會浮想聯翩到ＮＢＡ這邊來。

「ＮＢＡ已近七十年的歷史，撇開有沒有電視轉播，就現有的資料來看，你最想回去哪一個階段？」

這是我問每個球迷的問題。

大概有幾個階段可以設想：

＊張伯倫和羅素（William Russell）對決的時代——

那是一個具有真正對決況味的年代，羅素帶領塞爾蒂克隊拿下恐怖的八連霸（一九五八～一九五九球季貫穿到一九六五～一九六六球季），及十三年內十一度總冠軍，以及張伯倫創下單場個人百分，同時創下單季個人平均得分五十點四（一九六一～一九六二）及個人單場五十五個籃板，還有辛辛那堤皇家隊（Cincinnati Royal）的羅伯森於單季締造大三元紀錄——三十點八分、十一點四次助攻和十二點五個籃板（一九六一～一九六二）都成了後來的紀錄障礙。

＊大鳥伯德和魔術強森對決的時代——

他們是張伯倫和羅素之後的第二個對決組合，但由於大鳥的白人身分和魔術的黑人身分，他們從NCAA開始，到進入聯盟後分居東區塞爾蒂克和西區湖人，自成地方一霸，然後要在總冠軍賽中碰頭，連續劇般的發展，就讓故事極富張力。或許拜一九八〇年代末到一九九〇年代初電視轉播無遠弗屆之賜，加上這兩人的黑白對決的話題性，為ＮＢＡ邁向國際化踏出了一大步。

＊喬丹——

沒人跟他對決，所有有機會與他對決的（巴克利、崔斯勒、馬龍和史塔克頓）全被打回票。但喬丹與商業完美的操作，接續了大鳥和魔術帶來全球化的第一步，而又多邁出了好幾步，我認為，一九九二年巴塞隆那奧運的夢幻一隊包含大鳥、魔術、喬丹、巴克利、馬龍、史塔克頓的組合，則是一個高潮，雖然夢幻隊往後還會有好幾代好幾隊，但第一次總是最令人懷念，因為那代表的不是奧運金牌，而是一個已無法複製的傳奇。

＊歐尼爾和布萊恩對決的時代——

很有趣，湖人於二〇〇〇年代初的三連霸，其實是這兩人同隊創造出來的，但他們的「對決」，是來自場外，就像肥皂劇般，令人發噱。記得歐尼爾在《驚聲尖笑4》（*Scary Movie 4*）中，第一幕因一場噩夢醒來後，聽到鬼怪的聲音，而嚇得喊了一聲「科比」（Kobe），笑死一堆NBA球迷，編劇真夠逗！

＊林書豪——

這個時代可能剛開始，也可能只是海市蜃樓，我們都不知道未來發展會是如何，但我想，對大多數台灣的球迷來講，應該會很慶幸正處在這個時代吧，畢竟他也算是台灣的驕傲，那麼，就讓我們不再緬懷過去的年代，當下就一起來書寫屬於林書豪的時代，如何？

最佳拍檔☆一個交信，一個準確送進郵箱

從一九八〇年代跨過一九九〇年代，再衝進二〇〇〇年代初，真是猶他爵士隊的黃金時代（雖然沒有拿過總冠軍）。

要談這個時代，就不能不談「郵差」馬龍和史塔克頓，這兩人若只談一個，就像一雙筷子少了一根一樣。

史塔克頓是一九八四年第一輪十六順位選進爵士隊，馬龍則是於第二年（一九八五）以第一輪十三順位進入爵士隊，從此兩人成為爵士隊的最佳拍檔，長達十八年，馬龍有了史塔克頓的助攻送球，就像郵差（Mailman）準時準確地把信送進籃框，史塔克頓有了馬龍強壯的身體做人肉盾牌，更能隨心所欲的操弄擋拆戰術，將對手要得團團轉，形成聯盟內聞之膽寒的組合。直到史塔

克頓於二〇〇三年退休。

史塔克頓告老還鄉之後，形單影隻的馬龍轉到洛杉磯湖人隊，與歐尼爾、布萊恩和來自西雅圖超音速隊的培頓（Gary Payton）合作，想一嘗總冠軍滋味，但那一個球季（二〇〇三～二〇〇四），他們在季初一片叫好聲中進入總冠軍賽時，卻被底特律活塞隊給四比一打掛，馬龍在悲嘆聲中，又想起球季中被布萊恩向湖人隊高層控訴性騷擾他的妻子，感到心灰意懶，彷彿傷痕累累地回到爵士隊所在的鹽湖城（Salt Lake City），以猶他爵士隊隊員的身分宣布退休，感動了一堆爵士的在地球迷。

這「黑白雙煞」，都在NBA史上留下一些傲然的紀錄。

史塔克頓留下的連續九年助攻王紀錄（一九八七～一九九六），比羅德曼的連續七年籃板王紀錄更難打破，至少要十年，而馬龍也是連續九年（一九八六～一九九五）的得分二十分以上，籃板十個以上，我雖不敢說是否很難有來者，但肯定也是不容易超越的。

兩人真是形影不離，連打奧運拿金牌（一九九二巴塞隆納、一九九六亞特蘭大），也都是在一起，有如電影《尖峰時刻》（*Rush Hour*）的成龍和那位逗趣的黑人演員塔克（Chris Tucker），超越種族的合作與成就，堪稱典範！

扭轉乾坤☆不到最後一秒，請別擅自離席

我不知道NBA史上有沒有季後賽最短時間的最大逆轉紀錄，至少在我記憶中，印地安那溜馬隊的知名射手米勒，於一九九五年演出的「米勒時間」（Miller Time）絕對可算得上是其一。

一九九五年東部第二輪首場，對手是尼克。最後八點九秒鐘內，米勒連續命中兩個三分，獨得八分，幫助溜馬完成NBA歷史上最驚人的大逆轉。

那年五月七日，東部季後賽第二輪首場在紐約，由米勒領軍的溜馬隊對上「宿仇」尼克隊（米勒曾說，他很「享受」紐約球迷給他的噓聲，因為那激起他更大的鬥志），比賽至第四節結束前還有十八秒，尼克隊仍然領先六分，基本上大局已定——溜馬即將輸球！主場觀眾紛紛喝飽可樂吃飽爆米花，加上球

隊即將贏球，準備帶著一臉滿足的笑容回家睡個好覺……

不！這時米勒跳出來接管剩下不到二十秒的時間。球在米勒手上，他先在左側三分線弧線外命中一記三分。這時還有十五秒左右，尼克仍領先三分，球在尼克手上，換言之，只要尼克將球發進來並帶到前場，任何一個球員只要抱著球不放，拖過去，就贏了，因為NBA規定發球後，八秒內要到前場去，二十四秒內球必須出手，那時還有十六秒多，即可將時間拖完。

但是，人算不如米勒算，當尼克將球發進來要給史塔克斯（John Starks）時，米勒將球給截了下來，反身一投，又是一記三分，兩隊就這樣一〇五打平，還有十三點二秒。

接下來，米勒要搶球時，推倒史塔克斯，但史塔克斯也不爭氣，兩球都沒罰進，米勒意外摘下防守籃板，被尼克球員犯規，兩罰命中，溜馬隊就以這二分逆轉贏球。時間只剩七點五秒，尼克球員帶球到前場時傳球又失誤，最後以兩分飲恨。米勒從前兩個三分到最後這兩顆罰球，所用時間僅八點九秒，把全場還沒來得及離開的紐約客氣得吐血。

這應是季後賽的個人最大逆轉，如把例行賽算進去，我倒是記得麥格雷迪（Tracy McGrady）在火箭隊與姚明一起打拚時的一次驚天演出。

二〇〇四年十二月火箭隊一場在自家球場迎接來踢館的馬刺隊，麥格雷迪在比賽最後三十五秒，四記三分球外加一記罰球，獨自對抗有鄧肯、帕克和吉諾比利（Manu Ginobili）三大將的馬刺，獨自獲得十三分帶領休斯頓火箭隊以八十一比八十反敗為勝，堪稱NBA史上經典逆轉勝演出之一。

特別在最後十六點二秒，更是超級經典，鄧肯兩罰全中後，馬刺以八十比七十五領先，大勢已去，休士頓觀眾也走得差不多了，沒想到，麥格雷迪不讓比賽就此結束，他接到球後直接起跳，三分，八十比七十八，還剩十一點二秒，按理說也已沒戲唱了，馬刺又是在前場發球，不管哪個球員接到，只要抱住球像抱嬰兒撐過十一秒就贏了，還不簡單嗎？

但老天要助你一臂之力，真是擋都擋不住，一個馬刺球員接到球後，多此一舉地想往籃下鑽，可能自己也想得分吧，但球卻滑了出去，麥格雷迪撈起球後，快速推進到三分球弧頂直接起跳——根本沒時間傳球了——

刷！

時間剩一點七秒！

帕克拿球光是跑過半場就要一秒，然後匆忙出手，投了個大麵包！最後留下歡樂的主場觀眾，和一臉錯愕的鄧肯、帕克和吉諾比利，像是爸媽不在，偷溜出去玩之後忘了帶鑰匙，結果反鎖在家門外的三個調皮小孩。

不過，例行賽的壓力和強度都不如季後賽，比較起來，米勒的逆轉難度要大上好幾倍。

後記：一個林書豪，一個全新的世界！

我成長的年代，其實是與台灣的棒球史並肩的，小一那年，剛好碰上第一代金龍拿世界少棒冠軍……，在后里那個很小很小的鄉下，我們童黨間平時玩的也是棒球，直到我小學六年級某一個假日，爸爸帶我去台中市玩，回程時，買了顆籃球給我，告訴我：「兒子！以後打籃球！」然後我們父子就在台中火車站的廣場上玩起球來，爸爸要我抄他的球，繞著爸爸周圍東南西北方向打轉，搞了半天，我滿身大汗，卻連球的皮都沒摸到，氣得半死。

那時是黃昏，看到夕陽躲在西邊的屋瓦一角偷笑，就很火，真想爬上去將它踹下！

不過，跟爸爸玩球的那次，是我第一次感覺籃球的有趣，就是一個人運球，也能自得其樂，你拿著棒球，投出去，也要有個人在另外一邊接球，才不會無聊。

爸爸年輕時也是打籃球出身，我還記得家中衣櫃裡有一件繡著「駱駝」字樣的舊球衣，那是爸爸的，我穿起來嫌太大，每回也只能看著發怔。直到很後來，我知道有個很有名的籃球員叫洪濬哲，他的球隊，叫飛駝隊，屬聯勤總部，而那件球衣上的「駱駝」，就是飛駝的前身。

我慢慢喜歡上打籃球。都還記得念高中時，星期日就帶便當跟媽媽說要去學校讀書，其實是和同學到操場打一整天的球，有時還會去別的學校踢館，當然，離那個年代的飛駝隊（那時我心目中，全世界最棒的球隊），就像后里到台北的距離，再乘上爸爸媽媽仍是老式的讀書至上觀念——根本只贊成我「玩」球，不讓我「打」籃球（當未來志願）的因素，我與甲組的距離，就遠到后里與日本了。

現在再回想，也許爸媽是對的，因為就算我到了東京，也就僅於此，因為在很遠的前方，還有個陌生的星球，那裡有個叫NBA的東西，我這輩子根本到不了，別說我的技術，光是我這張看起來不像打球比黑人打得好的東方臉孔，恐怕去到那裡撿球都不夠格。從後來不少東方優秀球員屢屢叩關失敗的例子來看，我的判斷雖不中亦不遠矣！

可是，林書豪橫空出世，「林來瘋」登場，徹底推翻了「亞裔（應該指身高不夠高的亞裔，別忘了還有姚明）不會打球」的偏見，他在球場上的成就，給後來身高不夠高，但有熱情願意努力的亞洲球員，乃至兩岸三地及分布世界各地的華人球員，鋪開了平坦的道路，而他的謙虛及對宗教的虔敬，也多少扭轉了一般人對NBA部分的負面印象，卻能保留住正面的印象，讓這遙遠陌生的星球，一下子拉近到，好像就在我家隔壁。

林書豪！值得一寫！

這本書最讓我感到得意的是，其中一篇文章〈蒲公英的願望〉，早在今年元月三日（那時林書豪即將下放到發展聯盟磨練，前途未卜）就已發表，我在最後幾句滿懷期待地寫下「林書豪就像開花後飄在空中的蒲公英，遠遠看去很美，但他需要找到一個土壤去孕育美麗的新生命……我相信，不論林書豪在哪支球隊，都會讓那支球隊變得很不一樣，如果他到達更好的土地，得到更多的上場時間，他可以證明他自己，並改變賽場的風貌……」。

文章發表後一個月，二月四日（北美時間），在紐約對籃網一役，林書豪掄起板凳替補出場（得到更多的上場時間），打得籃網球員及北美球評、球探、經理們滿地找眼鏡碎片，果然「證明他自己，並改變賽場的風貌」了，那種快樂，絕非一個月前還在冷眼旁觀，看他有什麼能耐的人們能夠體會。

爆發後兩個月來，林書豪的故事也被挖得差不多了，我們知道他也有個當年買籃球給他，然後說「兒子！以後打籃球！」的父親，在那塊土地，在父母的支持和他自己的努力下，最終成就了他自己。

剎那間，我們都被林書豪帶進了新的時代，世界一下子就變得很酷，很不一樣了！

附錄1：NBA現有球隊一覽表

分組	球隊名稱	創立年代	所在城市	主場館	隊徽	總冠軍次數
東部聯盟（或稱東部）						
大西洋組	紐約尼克隊 New York Knicks	1946	紐約	麥迪遜花園廣場		2
	紐澤西籃網 New Jersey Nets	1967	紐華克	普天中心		2
	波士頓塞爾蒂克隊 Boston Celtics	1946	波士頓	TD花園		17
	多倫多暴龍隊 Toronto Raptors	1995	多倫多	加拿大航空中心		0
	費城76人隊 Philadelphia 76ers	1939	費城	富國中心球場		3
中央組	底特律活塞隊 Detroit Pistons	1941	底特律	奧本山宮殿球場		3
	印地安那溜馬隊 Indiana Pacers	1967	印第安那波利斯	銀行家生活球館		0

中央組	克里夫蘭騎士隊 Cleveland Cavaliers	1970	克里夫蘭	速貸球館		0
	密爾瓦基公鹿隊 Milwaukee Bucks	1968	密爾瓦基	布蘭德利中心球場		1
	芝加哥公牛隊 Chicago Bulls	1966	芝加哥	聯合中心球館		6
東南組	邁阿密熱火隊 Miami Heat	1988	邁阿密	美國航空競技館		1
	奧蘭多魔術隊 Orlando Magic	1989	奧蘭多	安利中心		0
	華盛頓巫師隊 Washington Wizards	1961	華盛頓	威訊中心		1
	亞特蘭大鷹隊 Atlanta Hawks	1946	亞特蘭大	飛利浦球場		1

東南組	夏洛特山貓隊 Charlotte Bobcats	2004	夏洛特	時代華納中心球館		0
西部聯盟（或稱西區）						
西北組	明尼蘇達灰狼隊 Minnesota Timberwolves	1989	明尼亞波利斯	標靶中心球館		0
	丹佛金塊隊 Denver Nuggets	1967	丹佛	百事中心		0
	猶他爵士隊 Utah Jazz	1974	鹽湖城	能源方案球館		0
	波特蘭拓荒者隊	1970	波特蘭	玫瑰花園球館		1
	奧克拉荷馬雷霆隊 Oklahoma City Thunder	2008	奧克拉荷馬	福特中心		1

太平洋組	沙加緬度國王隊 Sacramento Kings	1945	沙加緬度	能量平衡球館		1
	洛杉磯湖人隊 Los Angeles Lakers	1946	洛杉磯	史坦波中心		16
	洛杉磯快艇隊 Los Angeles Clippers	1970	洛杉磯	史坦波中心		0
	鳳凰城太陽隊 Phoenix Suns	1968	鳳凰城	全美航空中心		0
	金州勇士隊 Golden State Warriors	1946	奧克蘭	甲骨文競技館		3
西南組	聖安東尼馬刺隊 San Antonio Spurs	1967	聖安東尼奧	AT&T中心球館		4
	休士頓火箭隊 Houston Rockets	1967	休士頓	豐田中心		2

西南組	達拉斯小牛隊 Dallas Mavericks	1980	達拉斯	美國航空中心		1
	曼菲斯灰熊隊 Memphis Grizzlies	1995	曼菲斯	聯邦快遞球館		0
	紐奧良黃蜂隊 New Orleans Hornets	1988	紐奧良	紐奧良球館		0

附錄2：NBA歷屆總冠軍

年分	西部冠軍	結果	東部冠軍
1947	芝加哥雄鹿隊	1-4	費城勇士隊
1948	巴爾的摩子彈隊	4–2	費城勇士隊
1949	明尼亞波利斯湖人隊	4-2	華盛頓首都隊
1950	明尼亞波利斯湖人隊	4–2	錫拉丘茲民族隊
1951	羅徹斯特皇家隊	4–3	紐約尼克隊
1952	明尼亞波利斯湖人隊	4–3	紐約尼克隊
1953	明尼亞波利斯湖人隊	4–1	紐約尼克隊
1954	明尼亞波利斯湖人隊	4–3	錫拉丘茲民族隊
1955	韋恩堡活塞隊	3-4	錫拉丘茲民族隊
1956	韋恩堡活塞隊	1-4	費城勇士隊
1957	聖路易斯鷹隊	3-4	波士頓塞爾蒂克隊
1958	聖路易斯鷹隊	4-2	波士頓塞爾蒂克隊
1959	明尼亞波利斯湖人隊	0-4	波士頓塞爾蒂克隊
1960	聖路易斯鷹隊	3-4	波士頓塞爾蒂克隊
1961	聖路易斯鷹隊	1-4	波士頓塞爾蒂克隊
1962	洛杉磯湖人隊	3-4	波士頓塞爾蒂克隊
1963	洛杉磯湖人隊	2-4	波士頓塞爾蒂克隊
1964	舊金山勇士隊	1-4	波士頓塞爾蒂克隊
1965	洛杉磯湖人隊	1-4	波士頓塞爾蒂克隊
1966	洛杉磯湖人隊	3-4	波士頓塞爾蒂克隊
1967	舊金山勇士隊	2-4	費城76人隊
1968	洛杉磯湖人隊	2-4	波士頓塞爾蒂克隊
1969	洛杉磯湖人隊	3-4	波士頓塞爾蒂克隊

1970	洛杉磯湖人隊	3–4	紐約尼克隊
1971	密爾瓦基公鹿隊	4–0	巴爾的摩子彈隊
1972	洛杉磯湖人隊	4–1	紐約尼克隊
1973	洛杉磯湖人隊	1–4	紐約尼克隊
1974	密爾瓦基公鹿隊	3–4	波士頓塞爾蒂克隊
1975	金州勇士隊	4–0	華盛頓子彈隊
1976	鳳凰城太陽隊	2–4	波士頓塞爾蒂克隊
1977	波特蘭拓荒者隊	4–2	費城76人隊
1978	西雅圖超音速隊	3–4	華盛頓子彈隊
1979	西雅圖超音速隊	4–1	華盛頓子彈隊
1980	洛杉磯湖人隊	4–2	費城76人隊
1981	休士頓火箭隊	2–4	波士頓塞爾蒂克隊
1982	洛杉磯湖人隊	4–2	費城76人隊
1983	洛杉磯湖人隊	0–4	費城76人隊
1984	洛杉磯湖人隊	3–4	波士頓塞爾蒂克隊
1985	洛杉磯湖人隊	4–2	波士頓塞爾蒂克隊
1986	休士頓火箭隊	2–4	波士頓塞爾蒂克隊
1987	洛杉磯湖人隊	4–2	波士頓塞爾蒂克隊
1988	洛杉磯湖人隊	4–3	底特律活塞隊
1989	洛杉磯湖人隊	0–4	底特律活塞隊
1990	波特蘭拓荒者隊	1–4	底特律活塞隊
1991	洛杉磯湖人隊	1–4	芝加哥公牛隊
1992	波特蘭拓荒者隊	2–4	芝加哥公牛隊
1993	鳳凰城太陽隊	2–4	芝加哥公牛隊
1994	休士頓火箭隊	4–3	紐約尼克隊

1995	休士頓火箭隊	4–0	奧蘭多魔術隊
1996	西雅圖超音速隊	2–4	芝加哥公牛隊
1997	猶他爵士隊	2–4	芝加哥公牛隊
1998	猶他爵士隊	2–4	芝加哥公牛隊
1999*	聖安東尼馬刺隊	4–1	紐約尼克隊
2000	洛杉磯湖人隊	4–2	印第安那溜馬隊
2001	洛杉磯湖人隊	4–1	費城76人隊
2002	洛杉磯湖人隊	4–0	紐澤西籃網隊
2003	聖安東尼馬刺隊	4–2	紐澤西籃網隊
2004	洛杉磯湖人隊	1–4	底特律活塞隊
2005	聖安東尼馬刺隊	4–3	底特律活塞隊
2006	達拉斯小牛隊	2–4	邁阿密熱火隊
2007	聖安東尼馬刺隊	4–0	克里夫蘭騎士隊
2008	洛杉磯湖人隊	2–4	波士頓塞爾蒂克隊
2009	洛杉磯湖人隊	4–1	奧蘭多魔術隊
2010	洛杉磯湖人隊	4–3	波士頓塞爾蒂克隊
2011	達拉斯小牛隊	4–2	邁阿密熱火隊

1.*為因勞資糾紛造成縮水球季，該球季每隊例行賽僅有五十場。

2. NBA歷史上獲冠軍次數最多的球隊（前三名）：第一波士頓塞爾蒂克隊，共十七次：第二為洛杉磯湖人隊，共十六次；第三則是芝加哥公牛隊，共六次。

20______～20______球季，____________的計分板

日期	對手（球隊）	出場時間	得分	籃板	助攻	抄截	阻攻	3分球（中／投）	罰球（中／投）	失誤	犯規

（註：抄截，大陸稱搶斷；阻攻即火鍋，大陸稱蓋帽）

20______～20______球季，____________的計分板

日期	對手（球隊）	出場時間	得分	籃板	助攻	抄截	阻攻	3分球（中／投）	罰球（中／投）	失誤	犯規

（註：抄截，大陸稱搶斷；阻攻即火鍋，大陸稱蓋帽）

Champion 07
林書豪與NBA

作　　者	徐望雲
總 編 輯	初安民
責任編輯	陳健瑜
美術編輯	黃昶憲
校　　對	蔡俊傑
發 行 人	張書銘
出　　版	INK印刻文學生活雜誌出版有限公司 新北市中和區中正路800號13樓之3 電話：02-22281626 傳真：02-22281598 e-mail : ink.book@msa.hinet.net
網　　址	舒讀網 http : //www.sudu.cc
法律顧問	漢廷法律事務所 劉大正律師
總 代 理	成陽出版股份有限公司 電話：03-3589000（代表號） 傳真：03-3556521
郵政劃撥	19000691 成陽出版股份有限公司
印　　刷	海王印刷事業股份有限公司
港澳總經銷	泛華發行代理有限公司
地　　址	香港筲箕灣東旺道3號星島新聞集團大廈3樓
電　　話	（852）2798 2220
傳　　真	（852）2796 5471
網　　址	www.gccd.com.hk
出版日期	2012年 5 月1日 初版
ISBN	978-986-6135-90-3
定價	260元

國家圖書館出版品預行編目資料

林書豪與NBA／徐望雲著.--
初版. -- 新北市 : INK印刻文學,
2012.05　面；　公分. -- (Champion ; 07)
ISBN 978-986-6135-90-3(平裝)
1.職業籃球 2.文集
528.95207　　101007356

2012年6月15日前，凡購買印刻文學《林書豪與NBA》一書，沿線剪下本頁截角寄回，即有機會抽到愛迪達（adidas）紐約尼克隊官方授權林書豪T恤（原價1090元，共計3名）。中獎名單將於6月20日公布於「印刻文學」Facebook粉絲專頁，6月27日前統一寄送。

姓名：　　　　　電話：

地址：

來信請寄：235 新北市中和區中正路800號13樓之3
印刻文學 行銷企畫小組收

INK